Wie man für sein Kinderbuch wirbt.

WIE MAN FÜR SEIN KINDERBUCH WIRBT

Serie "Wie fördert man"
von: D.K. Hawkins
Version 1.1 ~November 2022
Veröffentlicht von D.K. Hawkins bei KDP
Copyright ©2022 von D.K. Hawkins. Alle Rechte vorbehalten.

Kein Teil dieser Veröffentlichung darf ohne vorherige schriftliche Genehmigung der Herausgeber in irgendeiner Form oder mit irgendwelchen Mitteln, einschließlich Fotokopien, Aufzeichnungen oder anderen elektronischen oder mechanischen Methoden oder mit Hilfe eines Informationsspeicher- oder -abrufsystems, vervielfältigt, verbreitet oder übertragen werden, mit Ausnahme von sehr kurzen Zitaten in kritischen Rezensionen und bestimmten anderen nichtkommerziellen Verwendungen, die nach dem Urheberrecht zulässig sind.

Alle Rechte vorbehalten, einschließlich des Rechts auf vollständige oder teilweise Vervielfältigung in jeder Form.

Alle Angaben in diesem Buch wurden sorgfältig recherchiert und auf ihre sachliche Richtigkeit überprüft. Der Autor und der Herausgeber übernehmen jedoch keine Garantie, weder ausdrücklich noch stillschweigend, dass die hierin enthaltenen Informationen für jede Person, jede Situation oder jeden Zweck geeignet sind, und übernehmen keine Verantwortung für Fehler oder Auslassungen.

Der Leser übernimmt das Risiko und die volle Verantwortung für alle Handlungen. Der Autor kann nicht für Verluste oder Schäden verantwortlich gemacht werden, die sich aus den in diesem Buch enthaltenen Informationen ergeben, seien es Folgeschäden, zufällige Schäden, besondere Schäden oder sonstige Schäden.

Alle Bilder sind frei verwendbar oder von Stockfoto-Websites erworben oder lizenzfrei für die kommerzielle Nutzung. Ich habe mich bei der Erstellung dieses Buches auf meine eigenen Beobachtungen sowie auf viele verschiedene Quellen gestützt, und ich habe mein Bestes getan, um Fakten zu überprüfen und Quellenangaben zu machen, wo sie angebracht sind. Sollte Material ohne entsprechende Erlaubnis verwendet worden sein, kontaktieren Sie mich bitte, damit das Versehen korrigiert werden kann.

Die in diesem Buch enthaltenen Informationen dienen nur zu Informationszwecken und sind nicht als Quelle für Ratschläge oder Kreditanalysen in Bezug auf das dargestellte Material gedacht. Die in diesem Buch enthaltenen Informationen und/oder Dokumente stellen keine Rechts- oder Finanzberatung dar und sollten niemals ohne vorherige Rücksprache mit einem Finanzfachmann verwendet werden, um festzustellen, was für Ihre individuellen Bedürfnisse am besten geeignet ist.

Der Herausgeber und der Autor geben keine Garantie oder andere Versprechen hinsichtlich der Ergebnisse, die durch die Verwendung des Inhalts dieses Buches erzielt werden können. Sie sollten niemals eine Investitionsentscheidung treffen, ohne vorher Ihren eigenen Finanzberater zu konsultieren und Ihre eigenen Nachforschungen und Sorgfaltsprüfungen durchzuführen. Soweit gesetzlich zulässig, lehnen der Herausgeber und der Autor jegliche Haftung für den Fall ab, dass sich die in diesem Buch enthaltenen Informationen, Kommentare, Analysen, Meinungen, Ratschläge und/oder Empfehlungen als ungenau, unvollständig oder unzuverlässig erweisen oder zu Investitions- oder anderen Verlusten führen.

Der in diesem Buch enthaltene oder zur Verfügung gestellte Inhalt stellt keine Rechts- oder Anlageberatung dar, und es wird keine Beziehung zwischen Anwalt und Mandant begründet. Der Herausgeber und der Autor stellen dieses Buch und seinen Inhalt auf einer "wie besehen"-Basis zur Verfügung. Die Nutzung der Informationen in diesem Buch erfolgt auf eigene Gefahr.

INHALTSVERZEICHNIS.

Wie man für sein Kinderbuch wirbt. 0

INHALTSVERZEICHNIS. 3

EINFÜHRUNG. 5

KAPITEL 1: SCHREIBEN VON KINDERBÜCHERN. 9

KAPITEL 2: AUSGEZEICHNETE WERBEMETHODEN NACH DEM SCHREIBEN IHRES ERSTEN JUGENDBUCHS. 18

KAPITEL 3: ERHÖHUNG DES BEKANNTHEITSGRADES VON KINDERBÜCHERN DURCH AUFTRITTE VON AUTOREN. 23

KAPITEL 4: BUCHBESPRECHUNGEN ALS IHR WIRKSAMSTES WERBEINSTRUMENT. 28

KAPITEL 5: VERWENDUNG VON BILDERN IHRES BUCHES FÜR DIE WERBUNG. 35

KAPITEL 6: WIE SIE IHR KINDERBUCH DURCH VORTRÄGE BEKANNT MACHEN KÖNNEN. 43

KAPITEL 7: WIE SIE IHRE AUTORENPLATTFORM AUFBAUEN, UM DIE PROMOTION VON KINDERBÜCHERN ZU VERBESSERN. 48

KAPITEL 8: WARUM MANCHE AUTOREN ALS KINDERBUCHAUTOREN KEINEN ERFOLG HABEN. 56

KAPITEL 9: EINREICHUNGEN ZUM VERTRAG ZUM BUCHMARKETING ZUM BERUF DES SCHRIFTSTELLERS. 63

KAPITEL 10: ONLINE-BUCHVERMARKTUNG. 70

KAPITEL 11: FÜR EIN BEMERKENSWERTES BUCHCOVER SORGEN. 76

KAPITEL 12: VORSCHLÄGE FÜR DIE SUCHE NACH KINDERBUCHVERLAGEN. 80

KAPITEL 13: FÜR KINDER SCHREIBEN UND DIE ELTERN ÜBERZEUGEN. 84

KAPITEL 14: STEIGERUNG DER SICHTBARKEIT IHRES SELBSTVERÖFFENTLICHTEN KINDERBUCHS. 88

KAPITEL 15: IHR KINDERBUCH ZU EINEM BESTSELLER MACHEN. 92

KAPITEL 16: VERWENDUNG VON INDIVIDUELL ANGEFERTIGTEN WACKELKÖPFEN FÜR WERBEZWECKE. 97

KAPITEL 17: ÜBERLEGUNGEN, DIE VOR DER VERÖFFENTLICHUNG EINES KINDERBUCHS ANGESTELLT WERDEN SOLLTEN. 102

KAPITEL 18: MARKETINGTIPPS FÜR BÜCHER, DIE IHNEN HELFEN, MEHR EXEMPLARE ZU VERKAUFEN. 106

KAPITEL 19: ZU VERMEIDENDE FEHLER BEI DER BUCHWERBUNG. 110

KAPITEL 20: WERBUNG FÜR IHR BUCH IN IHRER NACHBARSCHAFT 117

SCHLUSSFOLGERUNG. 121

EINFÜHRUNG.

Für viele Schriftsteller und Autoren ist das Schreiben und Veröffentlichen eines Kinderbuchs ein lebenslanges Ziel. Leider wissen die meisten ausgezeichneten Autoren nicht, welche Maßnahmen sie ergreifen müssen, um bekannt zu werden und zu veröffentlichen, was es ihnen erschwert, ihren Traum zu verwirklichen.

Brauchen Sie eine Agentur, einen Illustrator, einen Assistenten, einen Berater oder einen Buchvermarktungsdienst?

Wissen Sie, an welche Kinderbuchverlage Sie Ihr Werk zuerst schicken sollten, um den größten Gewinn und die beste Annahmequote zu erzielen?

Haben Sie schon festgelegt, welche Art von Kinderbuch Sie schreiben wollen?

Die Kinderbuchverlagsbranche kann für den Uninformierten schwer zu durchschauen sein, für den

Wissenden ist sie jedoch einfach zu handhaben. Wer Erfahrung hat, für den ist es ein Kinderspiel, sein Werk zu schreiben und auf den Markt zu bringen.

Vielleicht haben Sie das nächste Bestseller-Kinderbuch, aber wenn Sie nicht wissen, wie Sie es auf den Markt bringen, stoßen Sie immer wieder auf Mauern, so wie die meisten Kinderbuchautoren, die es tragischerweise nicht über die Anfangsphase des Verlagsprozesses hinaus schaffen.

Es wird schwierig sein, eine vertrauenswürdige Person zu finden, die Ihnen erklärt, wie die gesamte Branche funktioniert. Berater können kostspielig und erfahren sein, und bekannte Kinderbuchverlage geben ihre Geschäftsgeheimnisse nur selten an andere Kinderbuchverlage weiter. Denn warum sollten sie sich in eine Situation begeben, in der sie den Ruhm und die Einnahmen ihres Buches verlieren könnten?

Ja, es gibt Hunderte von Veröffentlichungen über das Schreiben, Bewerben und Veröffentlichen von Kinderbüchern, aber die meisten machen den Veröffentlichungsprozess nicht einfach zu verstehen.

Wenn Sie die meisten Kurse zur Veröffentlichung von Kinderbüchern verfolgen, werden Sie feststellen, dass sie ineffizient sind und Sie viel Zeit kosten können.

Eine Formel für den Autopiloten, die kein anderes Handbuch für die Veröffentlichung von Kinderbüchern bieten kann. Kein Autor hat Lust, sich durch Hunderte von Seiten mit Strategien und Konzepten für die Veröffentlichung von Kinderbüchern zu wühlen. Um in der Kinderbuchbranche erfolgreich zu sein, müssen Sie auf den Punkt kommen und die Dinge in die Hand nehmen.

Bildung ist unerlässlich, egal ob Sie ein Kinderbuch schreiben, verkaufen, bewerben oder veröffentlichen wollen, sei es ein Bilderbuch oder ein Standardwerk. Hunderttausende von Autoren bleiben jedes Jahr unentdeckt, und viele unbezahlbare Kinderbücher werden in die Regale gestellt oder nie an einen Verlag verkauft, weil es ihnen an betriebswirtschaftlichen Kenntnissen fehlt. Seien Sie nicht in dieser Lage!

Sie müssen lernen, Ihre Altersgruppe anzusprechen, Ideen für Geschichten zu entwickeln, Ihre Figuren zu entwerfen, einen Handlungsbogen zu entwerfen, Ihre Figuren mit Beschreibungen ihrer körperlichen und persönlichen Merkmale einzuführen, ein Problem oder einen Konflikt zu schaffen und die Bühne für den Höhepunkt zu bereiten.

Um ein erfolgreicher Kinderbuchautor zu sein, sind Kenntnisse über die Entwicklung von Charakteren, Handlungssträngen, Konflikten und deren Lösung sowie über Marketing und Veröffentlichung erforderlich. Dieser GUIDE zeigt effektive Strategien auf, um Kinderbücher zu vermarkten und erfolgreiche Autoren zu werden.

Los geht's.

KAPITEL 1: SCHREIBEN VON KINDERBÜCHERN.

Als Erwachsene erinnern wir uns alle an die Bücher, die wir als Kinder eifrig gelesen haben. Ich erinnere mich an die Freude, die ich jeden Freitag verspürte, wenn ich von der Schule nach Hause eilte, weil ich wusste, dass meine Großmutter den nächsten Roald-Dahl-Roman für mich bereithalten würde. Die Twits und The BFG sind Geschichten, die ich nie vergessen werde. Und ich bin mir sicher, dass viele andere Kinder der 1980er Jahre sie auch lesen werden.

In Anbetracht dessen stört es mich, wenn man mir unterstellt, ein Kinderbuch zu schreiben sei eine einfache Alternative oder ein Sprungbrett zum Schreiben eines Erwachsenenromans. Bei der Erstellung eines Kinderbuchs ist viel zu bedenken, vor allem wenn man bedenkt, wie empfänglich Kinder für äußere Einflüsse sind.

Es ist wichtig zu verstehen, welche Auswirkungen der Text und die Themen des Buches auf das Kind haben werden. Das Schreiben eines Romans für Kinder unterliegt größeren Einschränkungen als das Schreiben für Erwachsene.

Das Thema, die Terminologie und die Länge müssen sorgfältig bedacht werden. Ein Kind ist beeinflussbar und wird die Perspektiven und Ideen in Büchern erforschen, die unweigerlich sein eigenes Leben beeinflussen werden. Die Sprache und der Wortschatz des Kindes werden sich auf seine Intelligenz und seine Schulbildung auswirken. Daher muss auch dies angemessen bewertet werden.

Aus diesem Grund ist das Schreiben eines Kinderbuchs äußerst schwierig und erfordert zeitaufwändige Recherchen. Wenn das Thema, der Wortschatz und die Länge den elterlichen und pädagogischen Richtlinien entsprechen, ist es an der Zeit, sich mit der Zielgruppe, dem Kind, zu beschäftigen und eine Verbindung herzustellen.

Unter bestimmten Umständen kann ein Kind der größte Kritiker eines Erwachsenen sein. In ihrer Naivität sind sie sicher, dass sie beim Lesen Ihres Werks Aufrichtigkeit und echte Gefühle in Reinform zeigen. Sie haben noch nicht die Fähigkeit erlernt, konstruktive Kritik höflich zu äußern; stattdessen sprechen sie aus dem Herzen, was sie für richtig halten.

Der Einstieg in das Schreiben für Kinder ist oft ein lächerliches und aufdringliches Unterfangen. Deshalb müssen Sie zuallererst recherchieren. Ihr Buch wird von den Erwachsenen bewertet werden, die sich mit der Entwicklung von Kindern durch Literatur beschäftigen, darunter Eltern, Lehrer, Behörden und Verleger. Einzelne Leser werden Ihren Roman bewerten.

Erst dann können Sie Ihr kreatives Schreibtalent entfesseln. Die Welt des Kinderbuchschreibens mag schwierig sein, aber wenn Sie es geschafft haben, wird es ein erfüllendes Handwerk sein, und Kinder auf der ganzen Welt werden Ihr unglaublich einfallsreiches Buch lesen und lieben.

Um ein Kinderbuch zu schreiben, braucht man eine lebhafte Vorstellungskraft, Einfallsreichtum im Umgang mit Worten und Eifer. Das wichtigste Element ist die Fähigkeit, mit den Augen eines kleinen Kindes zu sehen. Deshalb müssen Sie im Vorfeld eine Studie durchführen.

Um unterhaltsames Material für Kinder zu erstellen, braucht man eine neue und neugierige Perspektive auf die Welt. Damit ein Kind sich voll und ganz auf Ihr Buch einlässt, sich dafür begeistert und sich dafür interessiert, muss es einen Bezug zu ihm haben.

Wofür interessieren sich die Kinder von heute?

Was sind ihre Vorlieben und Abneigungen?

Welche Wörter benutzen sie, um miteinander zu kommunizieren?

Welche Bücher lesen sie?

Mit welchem Spielzeug spielen sie?

Welche Lieder mögen sie?

Welche Kleidung tragen sie?

Welche Zeitschriften kaufen sie?

Wovor haben sie Angst? Und was erregt sie?

Auf dieser Grundlage können Sie die Art des Schreibens bestimmen, mit der Sie Ihr Zielpublikum effektiv erreichen und Ihr Buch berühmt machen können.

Nachdem Sie gründlich recherchiert und die Vorlieben der Kinder untersucht haben, können Sie sich an die Handlung machen. In diesem Abschnitt müssen Sie Ihr Talent, Ihre Energie und Ihren Einfallsreichtum einsetzen.

Dies ist die wichtigste Überlegung. Sie müssen die Art des Buches, das Sie schreiben möchten, die Themen, die Sie erforschen möchten, die Botschaften, die Sie vermitteln möchten, und das gewünschte Ergebnis festlegen. Viele Autoren ziehen es vor, ihre Bücher in partizipativen Workshops zu entwickeln, und wenn es sich um ein Geschäftskonzept handelt, können Waren und Fortsetzungen folgen.

All dies muss also bei der Erstellung der Erzählung festgelegt werden. Achten Sie darauf, dass Ihre Entscheidung mit den von Ihnen durchgeführten Recherchen übereinstimmt. Nehmen Sie auch Bezug auf Romane, die Ihnen als Kind gefallen haben, und auf aktuelle Literatur. Denken Sie beim Schreiben Ihrer Geschichte unbedingt daran, dass Kinder eine kürzere Aufmerksamkeitsspanne und weniger Konzentration haben als Erwachsene.

Als Autorin oder Autor ist es wichtig, die Literatur als aktuelle Form der Unterhaltung auf Augenhöhe mit Xbox und PlayStation zu halten. Daher muss eine Geschichte einfach und unkompliziert sein, um die Aufmerksamkeit der

Kinder sofort zu fesseln. Außerdem sollte sie relevant, amüsant und unterhaltsam sein.

Die Sprache und das Vokabular in der Kinderliteratur sind ebenfalls wichtig für die Entwicklung der Intelligenz und der Konzentration der Kinder. Es ist gut, den Wortschatz durch Lesen zu erweitern, aber wenn ein Kind die Wörter nicht lesen kann, wird es das Interesse und die Konzentration verlieren. Es ist von Vorteil, komplexe Sätze zu vermeiden, die ein Kleinkind nicht verstehen kann.

Untersuchungen haben ergeben, dass ein Kleinkind nicht mehr als ein paar Wörter pro Satz zu schätzen weiß. Dies ist ein wichtiger Ratschlag für einen Schreibanfänger, da er aufgrund seiner früheren Schreiberfahrung leicht Gefahr läuft, Texte zu verschönern und auszuarbeiten.

Ein Buch sollte zu einer konstruktiven intellektuellen, persönlichen und emotionalen Entwicklung anregen; daher sollte es keinen Slang, keine schlechte Sprache und keine unangemessenen Themen enthalten. Die Texte sollten von höchster

Qualität und altersgemäßem Niveau sein und die jungen Leser dazu anregen, ihre Sprache zu schätzen und mehr lesen zu wollen.

Die Themen, die Sie in Ihre Erzählung einbauen, sind entscheidend und sehr vielfältig. Ein Buch kann Kinder wirkungsvoll dazu ermutigen, positive Dinge in ihrem eigenen Leben anzunehmen und umzusetzen. Solange die Geschichte ein glückliches Ende hat, wird sich das Buch positiv auf die Lebensperspektive eines Kindes auswirken. Zu viele negative Einflüsse wirken sich auf ihr Leben aus, wenn sie älter werden.

Ein Kind wird es lieben, wenn seine Figuren glücklich bis ans Ende ihrer Tage leben, und das wird es ermutigen, seinen Herausforderungen mit Optimismus zu begegnen. Die Charaktere sollten positive Eigenschaften wie Mut, Humor und Ehrlichkeit haben, denen Kinder nacheifern können.

Literatur ist nützlich, um positive, gesunde Kinder zu inspirieren und ihnen Flucht und Vergnügen zu bieten. Dies und die oben genannten

Elemente sind notwendig, um ein erfolgreiches Kinderbuch zu schreiben. Solange eine helle, fröhliche und farbenfrohe Welt geschaffen wird und die Themen für ein junges Kind von Bedeutung sind, bin ich zuversichtlich, dass es geschätzt wird.

Ich ermutige jeden, der dies liest und glaubt, dass er ein Kinderbuch schreiben kann, es zu tun. Wir brauchen so viele einflussreiche Kinderbuchautoren, die aktiv veröffentlichen, um diese Form der Inspiration und der kindlichen Entwicklung am Leben zu erhalten.

KAPITEL 2: AUSGEZEICHNETE WERBEMETHODEN NACH DEM SCHREIBEN IHRES ERSTEN JUGENDBUCHS.

Kinderbücher sind ein Genre, das das elektronische Publizieren nie ganz verdrängen wird. Der kindle wird nie mit der Haptik beliebter Kinderbücher konkurrieren können.

Die meisten Bücher enthalten dicke, haltbare Seiten, Materialien in oder auf den Seiten und ausklappbare Bilder; einige sind wasserfest. Die Herstellung dieser Bücher ist sehr kostspielig, und die Kategorie ist extrem wettbewerbsintensiv. Wenn Sie also zum ersten Mal Bücher für sehr junge Kinder schreiben, müssen Sie immer das Marketing im Auge behalten.

Nutzen Sie taktile Broschüren, um für Ihre Bücher zu werben.

Eine Leseprobe ist das wirksamste Werbemittel für ein Buch. Besonders einfallsreich sollten Sie bei der Erstellung von Broschüren sein, die einen kleinen Auszug aus Ihrem Werk enthalten und an Verleger und Leser verteilt werden.

Wenn Sie gut vernetzt sind, werden interessante Broschüren die Werbung für Ihr Buch unterstützen. Da Sie sich an Eltern von Kleinkindern wenden, sollte Ihre Broschüre wirklich beeindruckend sein.

Experimentieren Sie mit der Gestaltung der Broschüre und fragen Sie eine Druckerei vor Ort oder im Internet, ob sie etwas Auffälliges wie eine Folie oder eine Spiegelschicht auf der Seite anbringen kann. Wenn Sie ein Beispiel für eine Schrift auswählen, die sich darauf bezieht, wird die Broschüre den Kindern gefallen, wenn sie präsentiert wird.

Aufkleber sind bei Kindern immer beliebt.

Während Lesezeichen mit einer Leseprobe Ihres Textes gut zu einem Buch für Erwachsene passen, erfordert die Werbung für ein Buch für kleine Kinder etwas mehr Kreativität. Eine Druckerei kann Ihnen bei der Gestaltung von Lesezeichen mit Aufklebern oder Stickern helfen, die in Bücher oder Broschüren eingefügt werden können.

Aufkleber, die für Ihre Bücher werben, sind effektiver, wenn sie ein auffälliges Design mit dem Titel Ihres Buches und lebendigen Grafiken aufweisen. Eltern bewerten Romane, an denen ihre Kinder Interesse gezeigt haben, eher positiv.

Abzeichen, die auffallen.

Wenn Sie Verlage besuchen oder sich mit Eltern auf Kongressen oder Buchmessen treffen, ist die Herstellung von Button-Anhängern eine große Hilfe. Buttons, auf denen eine Figur aus Ihrem Roman abgebildet ist, werden die Leute dazu verleiten, sich Ihre Broschüre anzusehen. Es gibt

Sicherheitsbedenken, wenn Sie Buttons an kleine Kinder verteilen. Die meisten Eltern werden ihren Kindern jedoch erlauben, unter Aufsicht einen Anstecker zu tragen.

Das Entfernen des Anstecker vor dem Waschen der Kleidungsstücke kann die Eltern an Ihre Broschüre erinnern. Wenn sich die Kinder am nächsten Tag an den Button erinnern, erhöht sich die Wahrscheinlichkeit, dass Sie einen Kauf tätigen.

Sie können die Kosten senken, indem Sie leere Buttons in großen Mengen kaufen und einen Anbieter finden, der Ihnen preiswerte Aufkleber druckt. Die Verwendung der Aufkleber zur Herstellung Ihrer Buttons erfordert etwas Aufwand.

Bunte Prospekte.

Die meisten kleinen Kinder können der Gelegenheit zum Ausmalen nicht widerstehen. Daher ist die Entwicklung eines Flyers für Ihr Buch mit einer ausmalbaren Fläche eine der effektivsten und kostengünstigsten Methoden, um für Ihr Buch zu werben. Das Ziel ist es, die Ränder des Flyers dynamisch und ansprechend zu gestalten, so dass die Mitte zum Ausmalen einlädt.

Verleger und Leser fesseln.

Dies ist die teuerste Option, aber Sie werden überrascht sein, wie günstig es sein kann, große Mengen von flachen Kühlschrankmagneten drucken zu lassen. Eine Figur aus Ihrer ersten Kindergeschichte kann darauf gedruckt werden. Die Leute zögern weniger, einen Magneten wegzuwerfen; sehr oft werden sie zu einem festen Bestandteil des Kühlschranks und zu einem gelegentlichen Spielobjekt der Kinder.

Wie bei der Idee mit den Ansteckern können leere Kühlschrankmagnete für einen Bruchteil der Kosten von professionell hergestellten Magneten gekauft werden. Sie können Ihre eigenen Magnete entwerfen, indem Sie Aufkleberbögen bestellen. Diese halten zwar nicht so lange, aber für die Werbung reichen sie allemal.

KAPITEL 3: ERHÖHUNG DES BEKANNTHEITSGRADES VON KINDERBÜCHERN DURCH AUFTRITTE VON AUTOREN.

Das Engagement des Autors in einer öffentlichen Vortragskampagne ist eine bewährte Technik, um die Nachricht über sein Buch zu verbreiten. Die Romane von Autoren, die sich als Redner engagieren, werden stärker wahrgenommen. Einige Autoren haben ihre Werke im Alleingang zu Bestsellern gemacht, indem sie ständig auf Reisen waren und landesweit Vorträge hielten.

Auch wenn ein Autor aufgrund anderer Verpflichtungen nicht oft reisen und sprechen kann, sollte dieser Teil des Buchmarketings nicht vernachlässigt werden. Selbst einige wenige

Vortragsveranstaltungen helfen den Autoren, eine treue Leserschaft aufzubauen und den Verkauf ihrer Bücher zu steigern.

Los geht's.

Örtliche Buchhandlungen und Bibliotheken sind ausgezeichnete Orte für Autoren, um über das Thema ihrer Werke zu sprechen. Viele Einzelhändler (insbesondere Borders und Barnes & Noble) führen kurze Autorenseminare für ihre Kunden durch. Auch Bibliotheken tun dies. Nach diesen Veranstaltungen können Autoren, die diese Gelegenheiten wahrnehmen, ihre Buchverkäufe durch den Verkauf von signierten Exemplaren ihrer Werke steigern.

Sachbuchautoren haben in der Regel ein natürliches Thema. Aber auch Autoren von Belletristik und Kinderbüchern können sich Sprechgelegenheiten schaffen. Während des National Literacy Month (Monat der Alphabetisierung) können Kinderbuchautoren zum Beispiel freiwillig in einer Buchhandlung oder Bibliothek aus ihren Werken lesen (September).

Ein Autor von Jugendbüchern kann sich bereit erklären, Jugendlichen in einer örtlichen Bibliothek einen kurzen Schreibkurs für Belletristik zu geben. Krimiautoren können den Krimi-Monat von Barnes & Noble im Oktober nutzen. Dies sind nur einige der vielen Gelegenheiten, die sich Autoren bieten, um Vorträge zu halten und ihre Romane zu bewerben.

Der Aufbau einer Sprecherkarriere braucht zwar Zeit, doch kann das öffentliche Sprechen für Autoren, die es in ihre Buchmarketingstrategie einbeziehen, durchaus profitabel sein. Anfänglich müssen Autoren in der Regel kostenlos sprechen und jedes Engagement nutzen, um Bücher zu verkaufen. Sobald sie jedoch eine Sprecherkarriere aufgebaut haben, können sie für ihre Dienste Geld verlangen.

Wenn ein Autor keine Erfahrung mit dem Sprechen in der Öffentlichkeit hat oder Angst davor hat, vor einer Gruppe zu sprechen, kann er oder sie Bücher über das Sprechen in der Öffentlichkeit lesen oder sich für Workshops zum Sprechen in der Öffentlichkeit anmelden.

Akquisition von Rednerverpflichtungen.

Auftritte als Redner müssen aktiv angestrebt und kultiviert werden. Gelegenheiten bieten sich nur Autoren, die im Laufe der Zeit den sprachlichen Aspekt ihres Berufes entwickelt haben. Die meisten neuen Redner müssen Zeit investieren, um sich Auftritte zu sichern.

Bei vielen Veranstaltungen treten Autoren als Hauptredner auf. Autoren können sich um ein Engagement als Redner bemühen, indem sie Veranstaltungen und Gruppen ausfindig machen, die sich an die Zielgruppe ihres Buches richten und als potenzielle Vortragsorte in Frage kommen.

Ein Buch über sichere Dating-Praktiken für Jugendliche könnte zum Beispiel zu Vortragsengagements an Mittel- und Oberschulen sowie bei kommunalen und kirchlichen Jugendorganisationen führen.

Sobald eine Veranstaltung oder Gruppe als geeigneter Ort für einen Vortrag entdeckt wurde, setzt sich der Autor mit den Organisatoren der Veranstaltung oder Gruppe in Verbindung und legt ein Profil, ein Vortragsthema und eine Zusammenfassung vor, die in Betracht gezogen werden.

Wie viele Bücher können durch öffentliche Vorträge verkauft werden? Das hängt vom Anlass, dem Redner und den Zuhörern ab. Ob die Zahl der verkauften Bücher nun drei oder dreihundert beträgt, jeder Vortrag ist eine Gelegenheit, sich zu präsentieren. Außerdem führt die Werbung zu zukünftigen Buchverkäufen.

KAPITEL 4: BUCHBESPRECHUNGEN ALS IHR WIRKSAMSTES WERBEINSTRUMENT.

Buchrezensionen sind eine wirksame Methode, um für Ihre Publikation zu werben. Die meisten Leser verlassen sich auf vertrauenswürdige Rezensionen, da professionelle Rezensenten objektiv sind und von den meisten Lesern respektiert werden. Anständige Rezensenten zu finden, ist für viele Autoren problematisch, insbesondere für weniger erfahrene.

Da jährlich mehr als 500.000 neue Bücher veröffentlicht werden, ist die Nachfrage nach Rezensionen dramatisch angestiegen. Heute ist es ziemlich schwierig, eine Rezension von einem anerkannten Rezensenten zu bekommen. Um Ihnen eine Vorstellung von der ganzen Problematik zu geben: Publishers Weekly, die führende Zeitschrift der Branche, rezensiert jährlich nur 5.000 Bücher.

Midwest Book Reviews rezensiert etwa 490 Bücher pro Monat und ist eine der größten Rezensionsorganisationen des Landes. Dennoch gibt es keinen Grund, sich zu ärgern. Es gibt viele Möglichkeiten für aufmerksame Autoren, aufschlussreiche Rezensionen zu verfassen.

Wie kann ich einen Gutachter finden?

Es gibt viele glaubwürdige Quellen, an die Sie sich wenden können. Dan Poynter, ein hochkarätiger Verlagsexperte, bietet Ihnen die Möglichkeit, Ihr Buch in seinem digitalen Newsletter mit dem Titel "para publishing" zur Rezension anzubieten. Autoren, die ihren Namen in gedruckter Form sehen wollen, bieten an, Ihr Buch zu rezensieren.

Poynter bittet die Rezensenten, die sich auf seiner Website registrieren lassen, von unangenehmen Kommentaren abzusehen. Er stellt klar, dass er nicht von den Rezensenten verlangt, ihre Ansichten zu ändern. Er bittet nur darum, nichts zu sagen, wenn man nichts Positives beitragen kann.

Die Top 1000 Rezensenten von Amazon sind die größte Sammlung professioneller Rezensenten. Jede Rezension, die von dieser Organisation gebilligt wird, genießt hohes Ansehen und ist verlässlich.

Geben Sie "Amazon Top-Rezensenten" in Ihre Suchmaschine ein, um eine Liste der Rezensenten und ihrer Ränge zu erhalten. Erwarten Sie keine Rezensionen von den 50 oder 100 besten Websites. Sie sind außerordentlich beschäftigt und wählerisch. Wenn Sie die Zeit haben, versuchen Sie es doch einfach. Es ist durchaus denkbar. Ich habe damit persönliche Erfahrung.

Es ist wichtig, dass Sie mehr als diese Rezensenten berücksichtigen. Wenn Sie ein Sachbuch verfasst haben, senden Sie eine Anfrage für eine Rezension an Zeitschriften, die das gleiche Thema behandeln. Wenn Sie damit Erfolg haben, wird es von Lesern der Zeitschrift gelesen, die bereits Interesse an diesem Thema gezeigt haben und eine hohe Kaufwahrscheinlichkeit haben.

Konsultieren Sie auch lokale Zeitungen. In der größten Tageszeitung gibt es spezielle Rubriken für Wirtschaft, Senioren, Lebensmittel, Reisen und Immobilien. Schicken Sie Ihre Anfrage für eine Rezension an den Redakteur der entsprechenden Rubrik.

Leider haben viele Zeitungen ihre Buchbesprechungsrubriken abgeschafft, obwohl andere noch Rezensionen auf anderen Seiten veröffentlichen. Wenden Sie sich unbedingt an die lokalen Wochenzeitungen. Sie sind sehr belesen und ständig auf der Suche nach interessanten Geschichten über die Leistungen von Menschen aus der Region.

Geben Sie im Internet "Buchrezensenten" ein, aber prüfen Sie Ihre Antworten sorgfältig. Seien Sie misstrauisch gegenüber gekauften Rezensionen. Sie haben nicht das gleiche Gewicht wie unbezahlte Mitarbeiter. Es gibt jedoch einige wertvolle bezahlte Rezensionen. Das ForeWord Magazine hat ein kostenpflichtiges Programm gestartet, das ähnlich wie Normal Goldmans kostenpflichtige Bewertungen von Bookpleasures.com respektiert wird.

Bewertungen vor der Veröffentlichung.

Die Autoren verpassen oft eine Art von Rezension, die von entscheidender Bedeutung ist. Vor dem Erscheinen eines Buches schreiben nur die sieben wichtigsten Zeitschriften unserer Branche Rezensionen. Diese Rezensionen werden von den meisten Branchenvertretern gelesen. Eine positive Rezension in einer dieser Zeitschriften wird dazu beitragen, dass Ihr Buch bereits vor der Veröffentlichung einen großen Absatz findet.

Die sieben wichtigsten Rezensenten vor der Veröffentlichung sind Editor's Weekly, New York Times, Library Journal, Kirkus Review und ForeWordMagazine.

Buchbesprechung und Bücherliste (American Library Association)

Wenn Ihr Buch für Kinder oder Jugendliche geeignet ist, geben Sie das School Library Journal an. Vier Monate vor der Veröffentlichung müssen Sie dem

Rezensenten ein Fahnenexemplar Ihres Buches in einem Umschlag (oder eine Kopie) zukommen lassen. Auf dem Umschlag muss stehen

"Fortgeschrittenes Rezensionsexemplar - nicht vollständig bearbeitet". Auch wenn Sie ein fertiges Exemplar des Buches haben, sollten Sie es nicht einreichen. Der Rezensent akzeptiert nur fortgeschrittene Exemplare (ARCs).

Sie können auch eine auf Kleinauflagen spezialisierte Digitaldruckerei beauftragen und gebundene Exemplare erstellen lassen. Diese müssen jedoch ebenfalls den ARC-Vermerk auf dem Umschlag tragen. Sie werden unweigerlich mehr Exemplare benötigen als die, die Sie an diese Rezensenten schicken.

Vielleicht möchten Sie für Buchklubs werben, weitere Rezensenten ansprechen, ein ARC mit der Bitte um Lesebestätigung versenden und Ihr Buch für andere Werbezwecke nutzen.

Nach der Veröffentlichung des Buches werden Sie selbstverständlich weiterhin so viele Rezensionen wie möglich einholen und dafür sorgen, dass eine große Anzahl davon auf Amazon.com, Barnes & Noble.com, Borders.com und Books-a-Million.com veröffentlicht wird. Übersehen Sie nicht die vielen Internetbuchhandlungen, die Partner von Amazon sind.

KAPITEL 5: VERWENDUNG VON BILDERN IHRES BUCHES FÜR DIE WERBUNG.

Bücher haben in der Regel mindestens zwei Bilder: das Titelbild und das Foto des Autors. Andere Veröffentlichungen können viele Schwarzweiß- oder Farbfotos im Innenteil, Illustrationen, Karten oder andere Formen von Grafiken enthalten.

All diese Fotos können für die Vermarktung Ihres Buches genutzt werden, auch wenn die Kunden online kaufen und vor dem Kauf kein echtes Exemplar betrachten können. Nehmen Sie sich vor der Veröffentlichung Ihres Buches die Zeit, zu überlegen, wie Sie diese Fotos für Ihr Marketing nutzen können, und speichern Sie sie in einem Format, das sie leicht zugänglich macht.

Sicherstellen, dass Sie die richtigen Fotos haben.

Wenn Sie andere Bilder verwenden möchten, teilen Sie Ihrem Fotografen oder Layouter mit, dass Sie diese im jpeg-Format haben möchten, damit sie online und in anderen Formaten verwendet werden können.

Manche Buchgestalter bevorzugen tiff-Fotos, die manchmal für die Druckqualität besser sind, während jpeg-Bilder in der Regel genauso gut sind. Da das Internet jpegs bevorzugt, können Sie Ihre tiff-Fotos nicht online hochladen. Das Ändern von Bildformaten ist kein Problem, wenn Sie mit Photoshop oder einer anderen Anwendung vertraut sind, mit der Sie Fotos zuschneiden und verändern können.

Alternativ können Sie auch lernen, wie man Bilder bearbeitet, um in Zukunft mehr Alternativen zu haben. Wenn Sie gebrauchsfertige Fotos wünschen, teilen Sie Ihrem Buchgestaltungsexperten mit, dass Sie möchten, dass alle von ihm vorgenommenen Beschneidungen oder Änderungen genau so in Ihr Buch übernommen werden, wie sie erscheinen. So haben Sie die besten Bilder, die Sie für Ihre Marketingmaßnahmen verwenden können. Auch wenn Ihr Buch nur in Schwarz-Weiß gedruckt wird, müssen Sie diese Fotos als jpegs und in Farbe anfordern.

In einem Buch sind Schwarz-Weiß-Bilder akzeptabel, aber online wird Farbe erwartet. Außerdem müssen Fotos für Bücher in der Regel eine hohe Qualität haben, z. B. 300 dpi, während Bilder, die online veröffentlicht werden, eine geringere Auflösung haben sollten, z. B. 72 dpi, da sie nur wenig Zeit zum Laden auf einer Webseite benötigen.

Mehrere Marketingmethoden für Ihre Buchbilder.

Wenn Sie als Autor zum ersten Mal eine Website erstellen, sollten Sie darauf achten, dass sie das Cover Ihres Buches widerspiegelt oder den Inhalt Ihres Buches widerspiegelt. Verwenden Sie Themen, Farben, Bilder und Grafiken, die mit dem Ton, dem Zweck und dem Inhalt Ihres Buches übereinstimmen.

Verwenden Sie diese Fotos als Vorschau, um die Leser zum Kauf des Buches zu bewegen. Geben Sie sich nicht mit einer Website zufrieden, die im Widerspruch zu Ihrem Buchumschlag oder dessen Grafiken steht, oder verwenden Sie vorgefertigte Designs, die nicht das richtige Bild vermitteln oder, schlimmer noch, im Widerspruch dazu stehen. Beraten Sie sich mit dem Designer Ihrer Website, um das Cover und andere Fotos optimal zu nutzen.

Ähnlich wie Ihre Website sollte auch Ihr Blog das Konzept und den Inhalt Ihres Buches und die Identität Ihres Autors repräsentieren. Einige wenige Fotos aus Ihrem Buch, z. B. ein Autorenfoto oder eine Seite, können mit der Vorlage der Website in den Blog gestellt werden. Fügen Sie dann die übrigen Fotos zu Ihrem Blog hinzu, ein oder zwei nacheinander.

In diesem Bereich sollten Sie eine große Anzahl von jpeg-Fotos zur Verfügung haben, damit Sie, wenn Sie täglich oder auch nur ein paar Mal pro Woche einen Blog schreiben, alle Bilder sofort zur Verfügung haben und diese bereits zugeschnitten und in der Größe angepasst sind, um Zeit zu sparen.

Veröffentlichen Sie Auszüge aus Ihrem Buch und begleiten Sie diese mit passenden Buchfotos. Wechseln Sie Beiträge aus Ihrem Buch mit Beiträgen über sich selbst oder Dinge, die Sie getan haben, ab, und veröffentlichen Sie weiterhin Ihre Bilder.

Um effektiv mit Bildern zu bloggen, müssen Sie möglicherweise lernen, wie man ein Programm wie Fireworks oder Photoshop benutzt, damit Ihre Fotos von hervorragender Qualität sind und für eine optimale Wirkung zugeschnitten oder bearbeitet werden.

Da die Betrachter wahrscheinlich nach unten scrollen müssen, um den gesamten Blogbeitrag zu lesen, sollten Sie ein Bild am Anfang des Beitrags einfügen, damit es sofort die Aufmerksamkeit auf sich zieht, anstatt es weiter unten auf der Seite zu vergraben und Ihre Betrachter mit einem oder zwei Ihrer schönsten Fotos aus einem KAPITEL zu ködern und sie wissen zu lassen, dass es noch mehr Bilder im Buch gibt.

Im Zeitalter der sozialen Netzwerke sehen sich die Menschen gerne die Online-Fotoalben anderer an. Ob auf Facebook, Instagram, TikTok oder einer anderen Website, auf der Sie Fotos oder Bilder zu einem Album hinzufügen können, richten Sie ein Fotoalbum für Ihr Buch oder mehrere Alben für verschiedene Teile Ihres Buches ein. Die Leute werden sich mehr für Ihr Buch interessieren, wenn es Fotos enthält. Außerdem können Sie einige dieser Fotos für Ihr Profil verwenden.

Buchvorschau-Videos: Erstellen Sie ein Video zur Buchvorschau. Reader Views ist ein professionelles Unternehmen für Buchwerbung, das Buchvorstellungsfilme für Autoren produziert. Sie müssen ein Dutzend oder mehr der besten Fotos Ihres Buches im jpeg-Format einreichen, damit sie in dem Film verwendet werden können.

Vielleicht möchten Sie auch ein Voiceover-Skript beifügen oder eines erstellen lassen, das Ihnen hilft, die gesprochenen Worte mit den passenden Fotos zu verbinden. Auch wenn Ihr Buch nicht viele Fotos enthält, ist dies ein Grund, weitere Bilder zu entdecken, die Ihnen bei der Werbung für das Buch helfen werden, vorausgesetzt, Sie bezahlen dafür oder verwenden lizenzfreie Bilder.

Postkarten und andere Marketingmaterialien: Ziehen Sie alle Möglichkeiten der Buchwerbung in Betracht, die über die oben genannten hinausgehen. Wenn Sie ein Geschichts- oder Reisebuch verfasst haben, können Sie Ihre Fotos in eine Postkartenserie verwandeln.

Wenn Touristen geneigt sind, Ihr Buch zu kaufen, werden sie auch Ihre Postkarten kaufen. Da Postkarten in der Regel preiswert sind, können Sie vielleicht eine große Anzahl davon verkaufen. Wählen Sie fünf oder sechs Ihrer besten Fotos aus und erstellen Sie eine Lesezeichenserie; bei Kinderromanen können Sie für jede Figur des Buches ein Lesezeichen erstellen.

Wie wäre es mit Notizkarten, Postern, Kalendern, Sammelkarten für Kinder, Kaffeebechern, Tragetaschen, Puzzles und vielleicht einer Reihe von T-Shirts? Selbst wenn Sie Ihr Buch nicht auf all diesen

Dingen erwähnen, können Sie mit Ihren Fotos zusätzliches Geld verdienen und diese Produkte zusätzlich zu Ihrem Buch auf Ihrer Website verkaufen.

Der Geschenkladen von nebenan ist vielleicht nicht daran interessiert, Ihre Bücher zu verkaufen, aber er könnte daran interessiert sein, Ihre Kalender oder T-Shirts zu verkaufen. Schränken Sie sich nicht ein. Bewerben und verkaufen Sie Ihre Fotos, mit oder ohne Buch.

Bilder sind für die Vermarktung eines Buches unerlässlich. Die Menschen schauen sich gerne Fotos an, und sie fesseln die Aufmerksamkeit des Lesers, was mit einfachem Text nicht möglich ist. Nutzen Sie Ihre Fotos, um Interesse zu wecken und Ihr Buch auf jede erdenkliche Weise zu vermarkten. Seien Sie phantasievoll, damit diese Fotos Ihnen als Autor mehr Geld einbringen können.

KAPITEL 6: WIE SIE IHR KINDERBUCH DURCH VORTRÄGE BEKANNT MACHEN KÖNNEN.

Traditionell begeben sich Autoren, die ein neues Buch veröffentlichen, auf eine "Buchtour", die aus Signierstunden, Präsentationen, Reden und Medieninterviews im ganzen Land besteht. Obwohl sich viele dieser Aktivitäten im letzten Jahrzehnt ins Internet verlagert haben, sind Vorträge eine effektive Methode, um Bücher zu verkaufen und ein Publikum aufzubauen.

Es gibt keinen Grund, warum Kindle-Autoren diese Vorteile nicht nutzen können, selbst wenn sie keine physischen Exemplare haben, die sie im hinteren Teil des Raums verkaufen oder auf dem Podium hochhalten können.

Lokalisieren Sie Ihre Kindle-Sprechtour. Jede Gemeinde oder Gruppe verfügt über eine

Handelskammer und sucht ständig nach Sprechern für Frühstücks- oder Mittagspausen. In vielen Regionen gibt es auch unabhängige lokale Netzwerkorganisationen.

Wenn Sie mit dem Netzwerkumfeld in Ihrer Gemeinde nicht vertraut sind, sprechen Sie mit einem örtlichen Banker, Immobilienmakler oder Inhaber eines lokalen Dienstleistungsunternehmens oder erkundigen Sie sich beim nächstgelegenen Small Business Development Center oder Gemeindeentwicklungsbüro.

Das Thema Ihres Buches könnte spezielle Gruppen ansprechen, z. B. Gartenclubs, politische Organisationen und Kirchen. Schauen Sie sich die Veranstaltungskalender in Ihrer Lokalzeitung oder im Internet an, um herauszufinden, welche Organisationen regelmäßig öffentliche Veranstaltungen mit Rednern abhalten.

Erstellen Sie eine Liste von Organisationen, die Sie gerne als Redner einladen würden. Rufen Sie bei jeder Organisation an oder schicken Sie eine E-Mail und erkundigen Sie sich nach dem Namen und den Kontaktinformationen des Koordinators für Vorträge.

Setzen Sie sich dann telefonisch oder per E-Mail mit dieser Person in Verbindung und bieten Sie Ihre Dienste als Redner an. Fügen Sie einen kurzen Lebenslauf, eine Beschreibung Ihres Kindle ebooks und eine Zusammenfassung des Themas, über das Sie sprechen möchten, bei und erläutern Sie, warum es für die Mitglieder der Gruppe von Interesse ist. Der nächste Schritt besteht in der Regel darin, einen Termin für Ihre Diskussion festzulegen.

Außerdem verfügen die meisten öffentlichen Bibliotheken über einen Sitzungsraum, in dem sie Vorträge zulassen oder begrüßen. Besuchen Sie die Bibliothek in Ihrer Gemeinde und erkundigen Sie sich, wer die Treffen organisiert. Stellen Sie sich vor und bieten Sie an, einen Vortrag zu halten. Das hat bei mir immer funktioniert, egal wo ich gelebt habe.

Sie können sich auch an örtliche Unternehmen wenden, die über Konferenzräume verfügen, und fragen, ob sie eine kleine Vortragsveranstaltung für ihre Kunden ausrichten möchten. Erläutern Sie, wie sie sich dadurch aus Sicht ihrer Kunden als hilfreich erweisen. Ihr Thema sollte sich nicht direkt auf die Arbeit dieser Fachleute beziehen, damit diese Strategie wirksam ist.

Wenn Ihre Broschüre beispielsweise Eltern lehrt, wie sie ihren Kindern helfen können, bessere Lernfähigkeiten zu entwickeln, würden ein Anwalt, ein Buchhalter oder ein Therapeut ihren Kunden, die Kinder haben, einen Dienst erweisen, indem sie Ihren Vortrag zu diesem Thema in ihrem Büro ausrichten.

Aktivitäten, die nicht vor Ort stattfinden, erfordern weitaus mehr Planung, da sie so geplant werden müssen, dass Sie an einen bestimmten Ort reisen können.

Manche Ebook-Autoren haben Schwierigkeiten, weil sie bei ihren Vorträgen nichts Konkretes zu verkaufen haben. Wie können Sie dann die Teilnehmer zum Kauf animieren? Ganz einfach! Erstellen Sie Flyer mit einem so genannten QR-Code (wenn Sie "kostenloser QR-Code-Generator" googeln, finden Sie Websites, auf denen Sie einen solchen Code für Ihr Ebook erstellen können).

Diejenigen im Publikum, die ein Smartphone besitzen, können den QR-Code scannen, um auf die Verkaufsseite des Ebooks zu gelangen. Fügen Sie eine herkömmliche URL für Ihre Verkaufsseite auf dem Flyer für Personen ohne Smartphone ein. Sie werden den Flyer mit nach Hause nehmen und Ihr Ebook auf ihrem Computer kaufen.

Schicken Sie eine Pressemitteilung an lokale Zeitungen, wenn Sie die oben genannten Aktionen durchführen und die Veranstaltung öffentlich zugänglich ist. Oft ist ein Vortrag ein Vorwand für einen längeren Artikel über das betreffende Buch oder Unternehmen. Dies kann Verkäufe von Personen generieren, die nicht an Ihrer Präsentation teilgenommen haben.

KAPITEL 7: WIE SIE IHRE AUTORENPLATTFORM AUFBAUEN, UM DIE PROMOTION VON KINDERBÜCHERN ZU VERBESSERN.

Als Kinderbuchautor sind Sie wahrscheinlich schon oft auf den Begriff Autorenplattform gestoßen, aber vielleicht fragen Sie sich: Was ist eine Plattform, und wie kann ich eine bekommen?

Ihre Autorenplattform bestimmt Ihre Marktreichweite und ist für Ihre Buchvermarktungsbemühungen von entscheidender Bedeutung. Wenn Sie einen Buchvertrag mit einem typischen kommerziellen Verlag abschließen möchten, müssen Sie über eine solide

Autorenplattform verfügen. Bei der Bewertung von Buchvorschlägen wollen die Verleger wissen, wie bekannt Sie sind und wie effektiv Sie Ihr Buch nach der Veröffentlichung vermarkten werden.

Bevor Sie ein Buch oder einen Buchvorschlag schreiben, ist der ideale Zeitpunkt, um mit dem Aufbau Ihrer Autorenplattform zu beginnen, da dies Zeit braucht. Sie können Ihre Autorenplattform jedoch auch unabhängig vom Stand des Veröffentlichungsprozesses aufbauen.

Es gibt viele Definitionen von Autorenplattformen, aber sie alle lassen sich auf drei Elemente zusammenfassen:

- Markenbildung.

- Reputation.

- Netzwerken.

Markenbildung.

Branding unterscheidet Sie in einem überfüllten Markt und macht Sie unvergesslich. Ihre Autoren-Tagline ist einer der wichtigsten Aspekte Ihrer Marke; sie ist eine prägnante und ansprechende Darstellung dessen, was Sie tun.

Im Folgenden finden Sie Beispiele für Autoren-Taglines:

- Der Publicity-Hund.

- Der Liebesdoktor.

- Der Produktivitätsprofi.

- Die Autorin gewagter Liebesromane.

- Autorin von spannenden Krimis.

- Autorin der Detective McGee-Reihe.

- Autorin von lehrreichen Büchern für Kinder.

Verwenden Sie Ihren Slogan als Titel, gefolgt von Ihrem Namen in Werbematerialien und Ihrer Unterschrift. Ich bezeichne mich zum Beispiel als Dana Lynn Smith, The Savvy Book Marketer.

Ihr Autorenfoto ist ein zusätzliches Werbemittel. Besorgen Sie sich ein professionell aussehendes Foto und verwenden Sie es überall, um Ihre Sichtbarkeit zu erhöhen. Professionell bedeutet nicht unbedingt, dass es sich um ein Studiofoto handelt. Überlegen Sie, wie der Hintergrund, die Pose und die Kleidung Ihres Autorenfotos Ihre Marke und das Genre der Bücher, die Sie schreiben, widerspiegeln könnten. Wo auch immer Ihr Foto erscheint, geben Sie immer eine Bildunterschrift mit Ihrem Namen und Ihrem Slogan an.

Das Branding eines Autors kann Ihr Logo, Ihre Bucheinbände, Ihr Farbschema, Ihren besonderen Schreib- oder Redestil und Ihre akademischen Qualifikationen umfassen. Zusammen ergeben diese Merkmale eine erkennbare Marke, die Sie einprägsam macht und die Glaubwürdigkeit Ihrer Autorenplattform erhöht.

Überlegen Sie, welche Schritte Sie unternehmen können, um Ihre Marke zu verbessern.

Reputation.

Die Reputation ist ein Maß dafür, wie bekannt Sie sind, wofür Sie bekannt sind und wie glaubwürdig Sie sind. Berücksichtigen Sie bei der Werbung für Ihr Buch die folgenden Aspekte:

- Verfügen Sie über einen Abschluss, eine Ausbildung oder umfangreiche Erfahrung in dem Fachgebiet, über das Sie schreiben?
- Haben Sie eine berufliche Qualifikation in Ihrem Fachgebiet oder können Sie eine erwerben?
- Welche Auszeichnungen oder Ehrungen haben Sie erhalten?
- Über welche Medienerfahrung verfügen Sie?
- Wie viele Menschen erreichen Sie mit Ihren monatlichen Vorträgen und Interviews?
- Wie viele Personen besuchen Ihren Blog?

- Wie viele Artikel haben Sie im letzten Monat verfasst, gepostet oder veröffentlicht?
- Wie bekannt sind Sie und wie hoch ist der Wiedererkennungswert Ihres Namens?
- Welche Führungsrollen haben Sie inne?
- Warum sollten Menschen Ihnen zuhören oder Ihre Werke lesen?

Sachbuchautoren können sich durch Aktivitäten wie das Verfassen von Büchern und Artikeln, das Halten von Vorträgen und Lehrtätigkeiten, das Auftreten in Talkshows, die Erwähnung in Veröffentlichungen anderer Autoren und das Verfassen von Vorworten für andere Bücher einen Ruf als Autorität auf ihrem Gebiet erwerben.

Belletristik-Autoren können durch ihren Schreibstil und ihr Können in einem bestimmten Genre (z. B. Kinderbuch, Science-Fiction, Liebesroman oder Krimi) oder durch ihre Spezialisierung innerhalb eines Genres (Vampirgeschichten, romantische Abenteuer) bekannt werden.

Ihre Autorenplattform und Ihr Ruf können durch Auszeichnungen, hervorragende Buchrezensionen und Empfehlungen von Prominenten und Fachleuten gestärkt werden.

Was können Sie tun, um die Zahl der Menschen zu erhöhen, die Sie mit Ihrer Buchwerbung erreichen, und um Ihren Ruf als Autor und Experte zu stärken?

Wie kann Ihr Marketingmaterial Ihre Referenzen hervorheben?

Verbindungen.

Bei der Werbung für ein Buch ist es wichtiger, wen Sie kennen, als was Sie wissen!

Um auf dem heutigen Markt Bücher zu verkaufen, müssen Sie vernetzt sein. Hier sind einige Beispiele für Verbindungen, die Autoren nutzen können, um ihre Bücher zu bewerben:

- Kontaktdatenbank - Kunden, Interessenten, Mitarbeiter, Freunde und Familie.

- Opt-in-Mailingliste - Personen, die Ihnen die Erlaubnis erteilt haben, sie zu kontaktieren.

- Beeinflusser - Prominente, bekannte Persönlichkeiten aus Ihrer Branche, Buchrezensionen, Medien und Blogger.

- Verbindungen auf Facebook, Twitter und anderen sozialen Online-Netzwerken, Gruppen und Foren.

- Blog-Leser - Personen, die Ihren Blog lesen oder dessen Feed abonnieren.

- Berufsverbände - Mitglieder und Führungskräfte des Verbandes. Führungspositionen erhöhen die Sichtbarkeit innerhalb eines Unternehmens.

- Andere Organisationen - Ehemaligenvereinigungen, Bürger- und Dienstleistungsgruppen, Hobbyclubs usw.

KAPITEL 8: WARUM MANCHE AUTOREN ALS KINDERBUCHAUTOREN KEINEN ERFOLG HABEN.

1 - Übermäßiges Interesse am Ergebnis - Niemand möchte glauben, dass das Buch, an dem er stunden-, wochen- oder monatelang gearbeitet hat, scheitern wird. Das ist unvermeidlich, und man muss darauf vorbereitet sein.

Die Bücher, die Sie für Ihr bestes Werk halten, werden keinen Erfolg haben, während die Bücher, die Sie mit halbem Aufwand erstellt haben, höher steigen, als Sie es sich je vorstellen konnten. Das kann daran liegen, dass Sie auf den neuesten Trend aufgesprungen sind, oder an einem Glücksfall oder an anderen unbekannten Umständen.

Nehmen Sie es nicht persönlich. Viele angehende Autoren geben auf, wenn ihr erstes Buch ihre Erwartungen nicht erfüllt. Selbst wenn Sie alles in Ihrer Macht Stehende getan haben, um Ihrem neuesten Produkt zum Erfolg zu verhelfen, kann es schwierig sein, sein Scheitern zu beobachten.

Wenn Sie alle Möglichkeiten ausgeschöpft haben, sollten Sie einen Schlussstrich ziehen und sich dem nächsten Projekt zuwenden. Zu viele Autoren verschwenden Geld mit dem Versuch, etwas zu schaffen, das niemals erfolgreich sein wird. Verbinden Sie sich nicht zu sehr mit dem Ergebnis.

2 - Vorfreude auf den Ruhestand nach der Veröffentlichung eines Buches - Im Gegensatz zu Hollywood-Filmen, in denen der Protagonist auf der letzten Seite seines Manuskripts "The End" schreibt und es sich wie geschnitten Brot verkauft, folgt das Leben leider seinen eigenen Regeln, und eine davon ist, dass man sich anstrengen muss, um Glück zu haben. Im Vergleich zu den Hunderten oder Tausenden von Büchern, die jede Woche veröffentlicht werden, ist Ihr Buch ein Tropfen auf den heißen Stein: Großzügigkeit.

Wenn Sie eine Website mit einer Seite mit einer Website mit zehn, zwanzig oder hundert Seiten vergleichen, ist es offensichtlich, dass die Website mit der größeren Anzahl von Seiten von mehr Menschen entdeckt wird. Sie können die Erfolgschancen Ihres Buches erhöhen, indem Sie es in so vielen Online- und Einzelhandelsbuchhandlungen wie möglich vertreiben. Je mehr Orte, an denen man Sie finden kann, desto besser.

Verwerfen Sie also die Vorstellung, dass ein einziges Buch ausreicht. Arbeiten Sie an Ihren zweiten und dritten Entwürfen. Wenn Sie dann den Kontakt zu Ihrem Publikum hergestellt haben, werden Sie noch mehr Bücher haben, die sie verschlingen können.

3 - Niemals um Rezensionen bitten - Seien wir ehrlich, nicht jeder von uns ist ein Verkaufstalent. Der Gedanke, sich über unseren Freundes- und Familienkreis hinaus zu wagen, um mit unserem neuesten Meisterwerk hausieren zu gehen, mag entmutigend sein, aber wenn Sie von Gedanken wie "Was, wenn es den Leuten nicht gefällt?" und "Was,

wenn die einzigen Rezensionen, die ich bekomme, negativ sind?" geplagt werden, werden Sie nie in der Lage sein, Ihr Werk zu veröffentlichen. Sie sind zum Scheitern verurteilt.

Wenn Sie in der Verlagsbranche erfolgreich sein wollen, müssen Sie damit rechnen, dass nicht jeder Ihr Buch oder sogar Sie selbst mag. Diese Personen haben die Hand gehoben und gesagt: "Ich bin nicht Ihr Publikum". Dann ist es Ihr Ziel, Ihr Publikum zu finden. Sie erweisen sich selbst einen Bärendienst, wenn Sie nicht um Rezensionen bitten oder Ihr Buch so vielen Menschen wie möglich vorlegen.

4 - Going It Alone - Haben Sie jemals einen Künstler beobachtet, der Teller dreht? Sie beobachten mit Erstaunen, wie sie von einem langsamen Teller zum anderen laufen, ihn beschleunigen und ausbalancieren, bevor sie zum ersten zurücklaufen. Wenn dies auf Sie und Ihr Schreiben zutrifft, ist es nur eine Frage der Zeit, bis alles zusammenbricht und Sie verzweifelt aufgeben.

In jedem großen Verlagshaus gibt es Teams, die die zahlreichen Aufgaben erledigen, die für die Erstellung und Vermarktung eines Buches erforderlich sind. Bevor ein Buch in die Regale kommt, wird es von Lektoren, Redakteuren, Designern, Illustratoren und einer Marketinggruppe geprüft. Wenn Sie alle diese Hüte tragen, werden Ihre Romane nie so erfolgreich sein, wie sie sein könnten. Ich weiß das aus eigener Erfahrung.

Wenn Sie nicht die Mittel haben, jemanden für all diese Tätigkeiten einzustellen, fangen Sie klein an und suchen Sie jemanden, der Ihre schwächsten Aufgaben übernehmen kann. Gehen Sie zu Fiverr.com und beauftragen Sie jemanden mit der Gestaltung Ihrer Buchumschläge, wenn Sie diese nicht selbst erstellen wollen.

Dann beauftragen Sie jemanden mit Textkenntnissen, der die Klappentexte und Beschreibungen für Ihr Buch verfasst, und anschließend einen Spezialisten für Buchwerbung. Das muss nicht kompliziert oder teuer sein. Je länger

Sie all diese Rollen spielen, desto länger wird es dauern, bis Sie Erfolg haben.

Überprüfen Sie Ihr Schreiben nicht wie ein Geschäftsinhaber - McDonald's würde nie ein Restaurant in einer Gegend eröffnen, in der niemand zu Fuß geht, Walmart würde seine Regale nie mit Dingen bestücken, die niemand will, und Amazon würde Ihnen auf dem Weg zur Kasse nie einen einzigen Artikel verkaufen.

Doch wie viele Autoren begehen diese Fehler? Sie schreiben für ein Publikum, das es nicht gibt, sie veröffentlichen Bücher, die niemand haben will, und sie verkaufen nur ein einziges Buch, statt eine ganze Serie. Zu viele, und so sollten Sie sich in Zukunft auf Ihr Schreiben und Ihre Bücher konzentrieren.

Wenn etwas ineffektiv ist, Sie Geld verlieren oder zu viel Ihrer Zeit in Anspruch nimmt, lassen Sie es sein und gehen Sie weiter. Konzentrieren Sie Ihre Zeit und Energie auf das, was funktioniert, und wiederholen Sie den Vorgang.

Wenn ein Buch erfolgreich ist, erstellen Sie eine Fortsetzung, ein Prequel oder eine andere Fortsetzung, die Ihnen zusätzliche Einnahmen bringt. Wenn Sie 100 Dollar für die Werbung für Ihr letztes Buch ausgegeben und nur 50 Dollar eingenommen haben, muss ich Ihnen sicher nicht sagen, dass das eine schlechte Geschäftsentscheidung war.

Letztendlich ist ein Buch ein Vermögenswert, nicht mehr und nicht weniger. Weisen Sie die Vorstellung zurück, es sei ein Kunstwerk oder ein Hinweis darauf, wer Sie sind. Menschen, die solche Ansichten haben, leben das Leben eines hungrigen Künstlers - Menschen, die ihre Bücher als ein Unternehmen betrachten, das entweder profitabel oder unprofitabel ist, tun dies nicht.

KAPITEL 9: EINREICHUNGEN ZUM VERTRAG ZUM BUCHMARKETING ZUM BERUF DES SCHRIFTSTELLERS.

Das Erlernen des Handwerks des Schreibens ist der Grundstein für das Schreiben von Kinderromanen oder anderen Genres. Als Kinderbuchautor müssen Sie die einzigartigen Richtlinien und Techniken für das Schreiben von altersgerechten Geschichten mit altersgerechtem Vokabular und Plots beherrschen.

Sobald Sie sich die Zeit genommen haben, Ihre Fähigkeiten zu beherrschen und Ihr Manuskript bewertet, überarbeitet und redigiert haben, geht es auf der traditionellen Straße des Schreibens für

Kinder weiter mit Einreichungen, Werbung und einer Schriftstellerkarriere.

Schreiben von Kinderbüchern: Einreichungen.

Bevor Sie Ihre Arbeit irgendwo einreichen, sollten Sie sicherstellen, dass Sie die notwendigen Maßnahmen ergriffen haben, um das Handwerk des Schreibens zu beherrschen. Ihr Manuskript sollte so gut wie möglich ausgearbeitet sein.

Es gibt zwei Arten von Einreichungen: solche an Verlage und solche an Agenturen. In habe ich empfohlen, Agenten zu recherchieren, bevor man sich an sie wendet.

Bevor Sie eine Anfrage an einen Agenten stellen, sollten Sie Ihre Absichten kennen, insbesondere bevor Sie einen Vertrag unterschreiben. Dazu gehört es, den Agententyp zu bestimmen, das Genre, das er vertritt, und die Agentenplattform, die er anbietet: stellt er seine Autoren zufrieden oder lässt er die Peitsche knallen? Sind sie passiv, aggressiv, engagiert oder selbstgefällig?

Der gleiche Rat gilt für die Einreichung bei Verlagen: Recherchieren Sie die Verlage, bevor Sie sich bei ihnen bewerben. Informieren Sie sich darüber, welche Art von Kinderbüchern sie verlegen und welche Art von Plots sie suchen.

Ganz gleich, ob Sie sich an einen Verlag oder einen Agenten wenden, Sie müssen sich immer an die Einreichungsbedingungen halten und die Frage persönlich formulieren. Es kann vorkommen, dass in den Richtlinien der Name des Redakteurs, an den die Frage geschickt werden soll, nicht angegeben ist, aber wenn Sie diese Information finden können, nutzen Sie sie.

Ebenso wichtig ist es, zu wissen, wie man seine Geschichte präsentiert. Dazu gehört es, den Aufhänger für die Geschichte zu finden. Agenten und Verleger sind auch an den verkaufsfördernden Elementen des Buches und an Ähnlichkeiten mit anderen erfolgreichen Veröffentlichungen interessiert.

Außerdem erwarten sie, dass sie über Ihr Marketingkonzept informiert werden. Bevor Sie Ihr Werk einreichen, sollten Sie eine Internetpräsenz und -plattform einrichten und den Agenten und Verlegern mitteilen, dass Sie Ihr Buch offensiv bewerben werden.

Zusätzlich zum Aufhänger der Geschichte müssen Sie vermitteln: wer Ihre Hauptfigur ist und worum es ihr geht; die Handlung, die die Geschichte vorantreibt; die Schwierigkeit der Hauptfigur; und was auf dem Spiel steht, wenn das Hindernis nicht überwunden wird.

Schauen Sie sich "die Rückseite von veröffentlichten Büchern" an, um festzustellen, wie prägnant und effektiv sie den Inhalt der Geschichte ausdrücken. So erhalten Sie ein Beispiel dafür, wie Sie Ihre Zusammenfassung verfassen können.

Halten Sie Ihre Frage kurz und professionell, und fassen Sie Ihren Lebenslauf kurz und treffend zusammen. Sie müssen den Redakteur oder Agenten fesseln und dazu bringen, Ihr Manuskript zu lesen.

Hier sind vier Tools, die Ihnen bei der Suche nach einem Verlag oder Agenten helfen können:

1. Wo und wie Sie Ihre Arbeit verkaufen können.

Über 700 Einträge für Buchverlage, Zeitschriften, Agenten, Kunstvertreter und mehr. WritersMarket.com ist eine Online-Plattform, die Ihnen bei der Vermarktung Ihrer Texte helfen kann.

2. Der Buchvertrag.

Wenn Sie gut recherchieren, wird Ihr Roman irgendwann ein Zuhause finden. Wenn Sie die ersten Ablehnungen erhalten, lassen Sie sich davon nicht entmutigen. Eine veröffentlichte Autorin ist vielleicht nicht einmal die beste Schriftstellerin, aber sie ist zweifellos eine hartnäckige Autorin.

Wenn Sie etwas in Ihrem Vertrag nicht verstehen, sollten Sie um eine Erklärung bitten. Nach der Unterzeichnung eines Vertrags werden Sie "eingereiht" und beginnen irgendwann mit dem

Lektorat des Verlags. Zwischen dem Beginn des Veröffentlichungsverfahrens und dem tatsächlichen Erscheinen können ein bis zwei Jahre vergehen.

3. Buch-Promotion.

Einige Monate vor der Veröffentlichung Ihres Buches sollten Sie mit der Werbung für das Buch beginnen, um den Verkauf anzukurbeln. Dazu müssen Sie eine Autorenwebseite und eine Plattform einrichten; Sie müssen für sich und Ihr Werk werben.

Nach der Veröffentlichung Ihres Buches müssen Sie sich an virtuellen Lesereisen, Blog-Talk-Radio-Gastauftritten, Schulbesuchen und anderen typischen Buchwerbungstechniken beteiligen. Sie können dies entweder selbst tun oder ein Unternehmen für Buchpromotion oder einen Publizisten beauftragen.

4. Eine Karriere als Schriftsteller.

Jetzt, wo Sie Ihr Buch haben, pushen Sie es wie verrückt (dies ist ein fortlaufender Prozess). Die letzte und folgende Phase besteht darin, das Verfahren zu wiederholen. Sie wollen kein One-Hit-Wonder sein, also hoffe ich, dass Sie schon weitere Werke verfasst haben. Wenn nicht, beginnen Sie sofort damit. Im Durchschnitt veröffentlicht ein Autor alle ein bis zwei Jahre ein Buch.

Mit der Veröffentlichung von Büchern können Sie nicht nur Ihre Begeisterung für das Verfassen von Kinderbüchern aufrechterhalten, sondern sich auch andere Möglichkeiten des Schreibens erschließen, wie z. B. Vorträge, Workshops und/oder Teleseminare und Coaching.

Viele Vermarkter behaupten, dass Ihr "Buch" Ihre Visitenkarte ist; es demonstriert Ihre Fähigkeiten und macht Sie zu einer Autorität in Ihrem Beruf oder Fachgebiet. Nutzen Sie die Vorteile dieser neuen Kanäle, um sich zu präsentieren und Einnahmen zu erzielen.

KAPITEL 10: ONLINE-BUCHVERMARKTUNG.

Wenn Sie die Buchvorstellung, die Pressemitteilungen, die Medieninterviews, die Bibliotheksgespräche, die Signierstunden in den Geschäften, die Schulbesuche usw. hinter sich haben und nicht wissen, was Sie als Nächstes tun sollen, möchten Sie Ihr Buch vielleicht online bewerben.

Millionen von Websites und Blogs richten sich an Buchleser, Autoren, Pädagogen, Kinder, Jugendliche usw., und Hunderte (wenn nicht Tausende) weitere befassen sich mit den Themen und Anliegen, die in Ihrem Buch behandelt werden.

Betrachten Sie jede Website und jeden Blog als einen "virtuellen Ort" für die Werbung für Ihr Buch.

Es gibt zwei Haupttechniken, um dies zu erreichen:

1. Der Inhaber der Website oder des Blogs (oder ein Mitarbeiter) schickt Ihnen per E-Mail eine Reihe von Fragen, die Sie per E-Mail beantworten. Anschließend werden Ihre (möglicherweise geänderten) Antworten auf die Fragen auf deren Website veröffentlicht. Sie können auch in ihrem Newsletter oder E-Zine dafür werben oder ihre Abonnenten dazu auffordern, Fragen an Sie zu stellen.

2. Stücke: Sie verfassen einen oder mehrere kurze Artikel, die auf der Website oder im Newsletter veröffentlicht werden.

Nach jedem Interview oder Artikel können Sie Ihr Buch erwähnen und angeben, wo man es kaufen kann. Das ist Ihre Entschädigung. Für das Interview oder den Artikel selbst sollten Sie keine Entschädigung erwarten; Sie tun es für die Öffentlichkeitsarbeit, nicht für Geld.

Erstellen Sie eine Liste aller Themen Ihres Buches, einschließlich des Hauptthemas, der Unterthemen, der Schauplätze, der Probleme usw. Nehmen Sie die Dinge auf, die Sie beim Schreiben des

Buches recherchiert haben, auch wenn sie aus dem endgültigen Entwurf gestrichen wurden.

Es wird weitere Bereiche geben, in denen Sie nun über ein gewisses Insiderwissen verfügen, wie z. B. das Verfassen von Büchern, die Suche nach einem Agenten oder Verleger, eventuell das Self-Publishing, die Suche nach und die Zusammenarbeit mit einem Coverzeichner, das Halten von Reden, Signierstunden usw. Sie werden wahrscheinlich erstaunt sein, wie umfangreich Ihre endgültige Liste ist.

Jedes dieser Themen wird von einer erstaunlichen Anzahl von Websites und Blogs behandelt, und viele dieser Internetplattformen suchen nach neuen Inhalten. Nutzen Sie daher Ihre bevorzugte Suchmaschine, um jeden Punkt auf Ihrer Liste zu recherchieren.

Es wird wahrscheinlich Millionen von Ergebnissen zu jedem Thema geben. Betrachten Sie die ersten beiden Seiten der Suchergebnisse und wählen Sie eine Handvoll der relevantesten Websites aus. Senden Sie dann eine E-Mail an die Eigentümer der Websites und fragen Sie, ob sie ein Interview mit Ihnen führen oder einen relevanten Artikel für ihre Website schreiben möchten.

Dokumentieren Sie die Websites, die Sie kontaktiert haben, und deren Antworten (falls vorhanden). Wenn eine größere Website nicht antwortet, versuchen Sie es eine Woche später und möglicherweise eine Woche danach erneut. Sie könnten auch versuchen, sie per Telefon oder per Post zu kontaktieren, statt per E-Mail.

Geben Sie bei diesen großen Websites nicht auf, bevor Sie ein definitives "Ja" oder "Nein" erhalten - sie haben wahrscheinlich Tausende von Besuchern. Stellen Sie sich eine Buchsignierung in der realen Welt vor, die von Tausenden von Menschen besucht wird. Sie wollen sich diese Chance nicht entgehen lassen, nur weil der Betreiber der Website zu beschäftigt war, um auf Ihre E-Mail zu antworten.

Die Online-Buchwerbung hat einige wesentliche Vorteile gegenüber der persönlichen Teilnahme an Werbeveranstaltungen.

- Sie brauchen nicht zu reisen, was Ihnen viel Zeit und Geld spart.

- Ihnen gehen nie die Veranstaltungsorte aus; Sie gehen einfach zur nächsten Seite der Suchergebnisse oder zum nächsten Punkt auf Ihrer Liste.

- Mehrere Orte können an einem Tag besucht werden.

- Sie können ein viel größeres Gebiet abdecken - den gesamten Planeten.

- Selbst der kleinste Online-Treffpunkt hat in der Regel ein wesentlich größeres Publikum als eine einzelne Signierstunde vor Ort.

- Ihr Beitrag oder Interview bleibt in der Regel online und generiert über Jahre hinweg Einnahmen.

- Sie brauchen keine wunderbare Sprechstimme oder die Fähigkeit, sich schnelle Antworten auszudenken.

Sobald Sie einige dieser Artikel oder Interviews verfasst haben, wird es viel einfacher, da Sie die gleichen grundlegenden Kommentare und Konzepte mit kleinen Änderungen wiederverwenden können.

Da jedoch keine zwei Präsentationen oder Interviews in der realen Welt identisch sind, sollten Sie sich bemühen, jede Online-Veranstaltung einzigartig zu machen. Versuchen Sie, Ihren Text an den Tonfall und die Zielgruppe der jeweiligen Website anzupassen.

Überlegen Sie, wie viel Zeit Sie für die Vorbereitung, Anreise und Präsentation einer ähnlichen Veranstaltung in der realen Welt aufwenden würden. Sie werden die Online-Veranstaltung in einem Bruchteil der Zeit durchführen können und wahrscheinlich viel bessere Ergebnisse erzielen - und das alles, ohne Ihren Schreibtisch zu verlassen.

KAPITEL 11: FÜR EIN BEMERKENSWERTES BUCHCOVER SORGEN.

Es heißt, dass man ein Buch nach seinem Einband beurteilen kann. Das stimmt nicht ganz. Es mag hervorragende Bücher mit schlechten und durchschnittliche Bücher mit hervorragenden Umschlägen geben. Eines ist jedoch sicher. Ausgezeichnete Buchumschläge verkaufen Bücher.

Ich hatte ein paar Bücher, bei denen ein Cover außergewöhnlich gut funktionierte, das andere nicht. Mein Fehler war der Versuch, eine Reihe desselben Autors zu vermarkten, indem ich versuchte, das Design des zweiten Buches an das des ersten anzupassen.

Das Problem war, dass das zweite Buch von einem anderen Thema handelte und einen anderen Ansatz erforderte. Beim nächsten Mal werde ich mich auf meine berufliche Erfahrung stützen und einen Beitrag zum Zielmarkt leisten. Ich habe jedoch einige Anmerkungen zum Stil des Covers.

Ich liebe Schlichtheit und Kühnheit. Ich möchte, dass der Käufer den Titel und das Thema des Buches sofort erkennt. Ich möchte, dass der Titel und der Untertitel eindeutig sind, es sei denn, der Untertitel soll den Inhalt erläutern. Ich spreche aus persönlicher Erfahrung.

Ich habe vor über einem Jahrzehnt ein Buch über das Schreiben von Aufsätzen mit dem Titel I Wish I'd Had This When I Was in School" veröffentlicht. Obwohl der Titel groß und fett gedruckt war, sagte er nichts über den Inhalt des Buches aus. Der Titel Ihres Buches muss eine eindeutige Persönlichkeit vermitteln, vor allem im Bereich der Sachbücher.

Ich habe es vermieden, ein Cover mit zu viel Inhalt vollzustopfen. Wir alle haben schon Buchumschläge gesehen, bei denen jeder Quadratzentimeter mit Grafiken oder Werbetext vollgestopft ist. Das ist übertrieben. Außerdem kann man es nicht aus der Ferne lesen. Ich möchte, dass ein Käufer in einer Buchhandlung den Titel aus mindestens drei bis vier Metern Entfernung lesen kann.

Das führt mich zu meinem nächsten Punkt: Weißraum. Seiten mit viel Text brauchen Leerraum. Ich empfehle Ihnen nicht, Weiß als Hintergrund für ein Buchcover zu verwenden, obwohl es, wie Sie sich denken können, bei einigen Büchern außerordentlich gut funktioniert.

Einige Autoren raten, stattdessen "eine Farbe, eine Textur oder eine Hintergrundillustration" zu verwenden. Außerdem ist ein weißer Raum erforderlich, nicht aber ein weißer Hintergrund.

Was ich bei der Auswahl eines Designs für ein Geschäftsbuch nicht getan habe, war, mir ähnliche Buchumschläge genau anzusehen. Ich habe zwar Preisvergleiche angestellt, aber keine Einbanddesigns. Gehen Sie in Ihre örtliche Buchhandlung, wenn Sie gerade ein Wirtschaftsbuch, ein Kinderbuch oder ein anderes Genre lesen. Gibt es ein Muster, das Ihnen ins Auge sticht und das, wenn auch nur als grobes Konzept, für Ihr kommendes Buch funktionieren könnte?

Ein letzter Ratschlag: Sprechen Sie mit einem örtlichen Verleger. Vor einigen Jahren nahm ich an einer Konferenz teil, auf der ein bekannter Verleger einen Vortrag über das Design hielt und die Teilnehmer aufforderte, ihre Bücher zur Bewertung einzureichen.

Ich wünschte, ich hätte dieses Gespräch geführt, bevor ich einen meiner Romane veröffentlichte. Der Inhalt war ausgezeichnet. Ein besserer Einband hätte jedoch die Verkaufszahlen erhöht. Das ist eine Lektion, die ich Ihnen gerne mit auf den Weg geben möchte.

Ausgezeichnete Buchumschläge verkaufen Bücher.

KAPITEL 12: VORSCHLÄGE FÜR DIE SUCHE NACH KINDERBUCHVERLAGEN.

Viele Menschen, die glauben, sie könnten ein Kinderbuch schreiben, weil es einfach ist, werden Ihnen sagen, dass das Schreiben schwierig ist. Wenn Sie eine Geschichte geschrieben haben, von der Sie glauben, dass sie auf dem Kinderbuchmarkt erfolgreich sein könnte, müssen Sie einen Verleger finden, der sich auf diese Art des Schreibens spezialisiert hat; Sie brauchen einen Kinderbuchverlag.

Um sicherzustellen, dass Sie einen Verleger finden, der Ihre Begeisterung für die Unterhaltung und den Unterricht von Kindern teilt, müssen Sie bei der Auswahl eines Kinderbuchverlags einige Aspekte berücksichtigen.

Die Erstellung eines hervorragenden Papiers sollte Ihre Priorität sein. Der Wunsch nach Self-Publishing hat in den letzten Jahren stark zugenommen, da die Verlage nicht mehr viele neue Autoren akzeptieren, sondern mit etablierten Autoren zusammenarbeiten. Um bei einem Kinderbuchverlag einen Fuß in die Tür zu bekommen, müssen Sie zunächst ein hervorragendes Manuskript einreichen. Sie möchten, dass der Verlag Ihren Artikel liest, seinen Wert erkennt und Ihnen anbietet, ihn in Ihrem Namen zu veröffentlichen.

Suchen Sie nach Verlagen, die sich auf Kinderliteratur spezialisiert haben. Nicht alle Verlage haben Erfahrung mit der Veröffentlichung von Kinderbüchern. Da es sich um einen Nischenmarkt handelt, müssen Sie einen Verlag finden, der sich darauf konzentriert, Ihr Buch für die entsprechende Altersgruppe in den Handel zu bringen.

Bei der Auswahl eines Verlags für ein Kinderbuch ist es wichtig, einen Verlag zu finden, der auf dem Kinderbuchmarkt einen guten Ruf genießt. Sie müssen sich vergewissern, dass der von Ihnen gewählte Verlag Sie bei der Werbung für Ihr Buch unterstützt und dafür sorgt, dass Ihr Buch auch in Zukunft die richtige Zielgruppe erreicht. Nehmen Sie nicht den Vertrag eines beliebigen Verlags an, sondern warten Sie ab, was die einzelnen Verlage anbieten, damit Sie das beste Angebot auswählen können.

Bedenken Sie dabei, dass die Verlage nicht mehr alle Bücher annehmen. Der Weg über einen Verlag kann in der Tat sehr einschüchternd sein, weil Sie einen Agenten brauchen, der sich in Ihrem Namen an die Verlage wendet, was langwierig und mühsam sein kann. Aus diesem Grund ist das Self-Publishing so beliebt geworden, denn es ermöglicht den Autoren, ihre Werke nach Plan zu veröffentlichen und zu vertreiben.

Beim Self-Publishing behalten Sie die volle Kontrolle über Ihr Werk. Sie wählen die Art der Veröffentlichung, ob ein Buch gedruckt oder online veröffentlicht wird. Sie können selbst entscheiden, was Sie für Ihre Arbeit als optimal erachten und wie Sie sie am besten verbreiten wollen.

Das Self-Publishing ermöglicht es Ihnen, Ihre Zukunft mit Hilfe eines erfahrenen Verlegers, der Ihnen eine Fülle von Anleitungen und Hilfestellungen geben kann, effizient zu gestalten.

Nutzen Sie die Hilfsmittel für Autoren, mit denen Ihnen Self-Publishing-Profis zur Seite stehen. Wenn Sie ein Kinderbuch veröffentlichen, brauchen Sie ein fesselndes Titelbild und Bilder, um die Aufmerksamkeit der Kinder zu erhalten.

Der Verlag, den Sie auswählen, sollte in der Lage sein, Ihnen hilfreiche Ratschläge zu geben, über eigene Designer zu verfügen, die Ihnen bei der Gestaltung der Illustrationen und des Einbands helfen, und als zusätzlichen Komfort Korrekturlesen und Lektorat anbieten.

Denken Sie bei der Suche nach einem Kinderbuchverlag immer daran, sich die Zeit zu nehmen, so viel wie möglich über das Unternehmen durch Internetbewertungen und Kundenfeedback zu erfahren, damit Sie sicher entscheiden können, was Sie mit Ihrer Arbeit machen wollen.

KAPITEL 13: FÜR KINDER SCHREIBEN UND DIE ELTERN ÜBERZEUGEN.

Das Talent, in einer Sprache zu kommunizieren, die die Zielgruppe spricht, ist offensichtlich. Die Wahl eines Themas, mit dem sich das Kind identifizieren kann, ist entscheidend. Je nach Alter des Kindes wird es oft als notwendig erachtet, Bilder einzubeziehen, aber Kinder jeden Alters sehen gerne Illustrationen.

Sie müssen verstehen, was die Kinder und ihre Eltern vom Lesen erwarten. Es ist wichtig, die Freude und den Spaß der Kinder an der Geschichte zu erhalten und gleichzeitig ihre Kreativität und schöpferische Energie anzusprechen, aber was wird die Eltern überzeugen, das Buch zu kaufen?

Eltern sind auch auf der Suche nach Büchern mit pädagogischem Wert für ihre Kinder. Neue Wörter und Konzepte sind an und für sich schon lehrreich. Dennoch wünschen sich Eltern oft etwas Greifbareres - ein Mittel, um den Erfolg des Buches im Hinblick auf seinen pädagogischen Wert für ihre Kinder zu quantifizieren.

Die Einbeziehung von Aktivitäten in den Text des Buches kann diesem eine besondere Qualität verleihen, die sowohl für Kinder als auch für ihre Eltern attraktiv ist. Ein Glossar mit unbekannten oder ungewöhnlichen Wörtern kann sicherstellen, dass Kinder und Eltern das Material richtig verstehen und dass sich die Kinder nicht ständig fragen, was ein bestimmtes Wort bedeutet.

Ein großes Buch mit Geschichten und Aktivitäten war früher ein übliches Weihnachtsgeschenk. Diese Jahrbücher waren immer sehr beliebt, da sie verschiedene Aufgaben enthielten, die die Kinder beim Lesen der Geschichten erledigen konnten. Mit Quizfragen, Kreuzworträtseln, Schreib-

und Malübungen wurde die Geschichte für Kinder und ihre Eltern noch interessanter.

Derzeit gewinnen Bücher, die mehr Aktivitäten als Erzählungen enthalten, an Marktanteil. Wenn Sie jedoch Ihr Talent für das Erzählen von Geschichten mit geeigneten, unterhaltsamen Aktivitäten kombinieren, werden Sie sowohl Kinder als auch ihre Eltern ansprechen und die Wahrscheinlichkeit des Erfolgs Ihres Buches erhöhen.

Mit dem Internet ist es möglich, E-Books mit vollfarbigen Grafiken zu produzieren, ohne durch Produktionskosten eingeschränkt zu sein. Das bedeutet natürlich auch, dass Ihre Bücher billiger sein können als die im Handel erhältlichen.

Die Werbung und das Marketing für Ihr Buch, um Verkäufe zu erzielen, ist ein komplexerer Prozess. Internet-Vermarkter sind sich jedoch im Allgemeinen einig, dass das Schreiben und Veröffentlichen von Artikeln eine der besten Methoden ist, um sich als Kinderbuchautor zu profilieren. Fügen Sie am Ende des Artikels ein Referenzfeld mit einem Link zu Ihrer

Website (oder E-Mail) ein, auf der das Buch erworben werden kann.

Sie haben einen Vorteil gegenüber anderen, denn Sie können einen Artikel schreiben und produzieren, der "keine große Mühe" macht. Vergewissern Sie sich, dass Sie Ihren Beitrag an das entsprechende E-Zine, den Newsletter oder die entsprechende Kategorie auf Websites wie dieser hier schicken - Sie müssen sich an Kunden wenden, die zum Beispiel Kinder haben. Mütter.

Wenn Sie sich an Ihre Kirche oder Schule wenden, versuchen Sie, ein Partnerprogramm einzurichten, bei dem die Organisation eine Provision (etwa 50 Prozent) dafür erhält, dass sie Ihr Buch für Sie bewirbt, z. B. durch einen Erfahrungsbericht.

Machen Sie sich keine Sorgen über hohe Provisionen; Sie haben keine zusätzlichen Ausgaben, nachdem Sie Ihr Buch geschrieben haben. Dies ist eine wunderbare Methode, um Ihren Gemeinschaftssinn unter Beweis zu stellen und Ihren Ruf als einfühlsamer Kinderbuchautor zu verbessern.

Die Eltern werden Ihre Freundlichkeit zu schätzen wissen, und die Kinder werden sich über Ihr Buch freuen.

KAPITEL 14: STEIGERUNG DER SICHTBARKEIT IHRES SELBSTVERÖFFENTLICHTEN KINDERBUCHS.

Herzlichen Glückwunsch! Sie haben Ihr Kinderbuch gerade unabhängig veröffentlicht! Wie bringen Sie es nun an die Öffentlichkeit? Die Werbung für Ihr Buch erfordert viel Arbeit und Ausdauer. Der Erfolg stellt sich nicht über Nacht ein, egal wie sehr Sie sich das wünschen. Im Folgenden finden Sie einige Maßnahmen, die ich zur Förderung meiner Kinderbücher ergriffen oder geplant habe.

1. Richten Sie eine Website ein. Stellen Sie Ihr Buch aus! Erstellen Sie eine PDF-Datei mit der Vorschau Ihres Buches! Die meisten Käufer wollen vor dem Kauf eine Vorschau, also bieten Sie eine an.

Erstellen Sie einen Link, über den man Ihr Buch kaufen kann.

2. Erstellen Sie einen Blog und vernetzen Sie sich mit anderen Autoren.

3. Erstellen Sie eine Fan-Seite auf Facebook und ein Twitter-Konto. Machen Sie Ihre Facebook-Fanpage bei Ihren Freunden bekannt. Folgen Sie Personen auf Twitter, die Ihre Interessen teilen. Facebook-Werbung ist auch möglich, aber nur, wenn Sie über ausreichende finanzielle Mittel verfügen.

4. Holen Sie Rezensionen ein. Bitten Sie andere selbstveröffentlichte Kinderbuchautoren, Ihr Buch zu rezensieren, wenn Sie im Gegenzug ihr Buch rezensieren. Veröffentlichen Sie diese Rezensionen in Ihrem Blog oder auf Ihrer Website.

5. Visitenkarten! Gehen Sie zu Vistaprint.com. Sie können Ihre eigenen Vorlagen einreichen oder deren Vorlagen verwenden. Verteilen Sie Visitenkarten, wann immer möglich. Wenn Sie Kinder

haben, bringen Sie sie mit in den Park und verteilen Sie sie an andere Eltern.

6. Wenn Ihr Kinderbuch Teil einer Serie ist, bieten Sie den ersten Teil auf eBay an. Ich hatte die meisten Aufrufe und Gebote, als ich mit einem Startpreis von 0,01 $ und kostenlosem Versand begann. Sie werden wahrscheinlich einen finanziellen Verlust erleiden, aber Ihr Buch wird von einem Leser erworben, der es noch nie gelesen hat. Bieten Sie einen Rabatt auf Ihre anderen Bücher an, wenn den Kunden das erste Buch gefällt. Legen Sie auch Ihre Visitenkarte bei!

7. Schreiben Sie Briefe an Kindertagesstätten und Bibliotheken, in denen Sie Ihr Buch vorstellen und erklären, warum sie es haben sollten. Wenn möglich, bieten Sie ihnen einen Sonderrabatt an.

8. Aufkleber oder Magnete für die Stoßstange deines Autos! Gestaltet sie nach euren Vorstellungen und gebt unbedingt eure Website an!

9. Bringen Sie Flugblätter mit Abreißlaschen an Pinnwänden an. Viele Lebensmittelläden und Bibliotheken haben sie. Versuchen Sie es auch bei den Pizzerien! Eventuell müssen Sie vor dem Aufhängen nachfragen. Achten Sie darauf, dass Sie mindestens einmal pro Woche nachsehen. (*Reißen Sie einen Zettel ab. Das erweckt den Eindruck, dass sich die Leute für Ihr Flugblatt interessieren. Das wurde ausprobiert, und es funktioniert!*)

Einige Websites bieten kostengünstige Werbung an! Sie bieten einen Bannertauschdienst an, aber Sie können auch Bannerimpressionen und Websiteklicks kaufen. Die Websites fügen einen Code auf ihrer Website ein, und wenn jemand ihre Website besucht, erhält er eine Banneransicht auf einer anderen Website.

Wenn Sie also Klicks kaufen, zahlen Sie dafür, dass Besucher auf Ihre Banner klicken. Es handelt sich also um tatsächliche Personen, die auf Ihr Banner geklickt haben, weil es ihre Aufmerksamkeit erregt hat. Prüfen Sie die Wirksamkeit einer kostengünstigen Kampagne, indem Sie sie durchführen.

KAPITEL 15: IHR KINDERBUCH ZU EINEM BESTSELLER MACHEN.

Herzlichen Glückwunsch! Sie haben ein Buch für Jugendliche veröffentlicht. Die nächste und wichtigste Phase ist nun die Werbung. Kinder sind begeisterte Leser, aber anfangs schwer zu begeistern. Auf dieser Seite finden Sie Websites, die Kinder- und Jugendliteratur fördern.

1. Bookmarket - Diese Seite bietet Ratschläge zur Werbung. Das Buch 1001 ways to advertise your book von John Kremer ist eine wertvolle Quelle für alle Autoren. Der Markt für Kinderbuchautoren und -illustratoren von Writer's Digest enthält eine Liste von Verlagen und Schreibtipps.

2. Rezensionen sind eine ausgezeichnete Methode, um für Ihr Buch zu werben. Sie unterstützen Ihr Buch erheblich. Senden Sie Anfragen

für Werbegeschenke, Rezensionen und Interviews an alle Blogs und Websites, unabhängig von ihrer Größe.

3. Lesen Sie Ihr Buch in einer örtlichen Kinderbibliothek vor oder spenden Sie ein Exemplar an eine Schule. Sie können Bücher überall dort hinterlassen, wo sich junge Menschen aufhalten.

4. Ein Podcast und ein Trailer vermarkten ein Buch effektiv. Die Lösung für Kinder, die zu faul zum Lesen sind, ist ein Podcast.

5. Drehbuch - Das Schreiben von Drehbüchern wird als etwas völlig anderes angesehen als das Schreiben von Romanen. Die meisten populären Bücher werden für Filme und Radiosendungen adaptiert. Dennoch können Sie diese Strategie nutzen, um für Ihr Buch zu werben.

6. Die BBC und andere Rundfunkanstalten nehmen Einsendungen an. Allerdings ist die Annahme oft schwierig. Viele Drehbuchwettbewerbe sind auch für Amateurautoren offen. Kinder sehen gerne fern.

7. Empfehlungsschreiben Berühmte Persönlichkeiten können für Ihr Buch werben.

8. Dies ist eine großartige Methode, um Kindern mitzuteilen, dass Ihr Buch veröffentlicht worden ist. Bei Literatur, die sich an ein älteres Publikum richtet, ist dies effektiver. Kündigen Sie die Veröffentlichung Ihres Buches in einer Kinderzeitschrift oder Zeitung an. Dies kann mit Kosten verbunden sein. Außerdem können Sie für eine Kinderzeitschrift schreiben oder Interviews geben, um für Ihr Buch zu werben.

9. Flugblätter, Plakate, usw. - Deren Druck kostet Geld, aber sie können erfolgreich sein, besonders bei Kindern.

10. Werbung auf Websites, die den Inhalt Ihres Buches oder einen ähnlichen Inhalt haben, erhöht die Verkaufszahlen. Werbung im Fernsehen ist die wirksamste Technik, um die Aufmerksamkeit von Kindern zu erregen, aber sie ist teuer, und Kinder sehen möglicherweise nicht gerne Buchwerbung.

11. Lassen Sie sich in Katalogen für Kinderbücher vorstellen.

Website-Preise und literarische Auszeichnungen können dazu beitragen, den Verkauf von Büchern zu steigern. Auch hier ist es problematisch, da Literaturpreise strenge Auswahlkriterien haben. Viele Bibliothekare kaufen gerne preisgekrönte Veröffentlichungen. Dies erhöht auch den Bekanntheitsgrad des Buches.

Viele Kinder und Jugendliche haben die Gewohnheit, Bücher aus dem Bestand ihrer Bibliothek zu lesen. Für Kinder unter zwölf Jahren ist die Schulbibliothek das Tor zur Welt der Literatur.

Sorgen Sie dafür, dass Ihre Bücher in öffentlichen und sogar in Schulbibliotheken verfügbar sind. Kinder haben nur eine begrenzte Kaufkraft, aber wenn ihnen eines Ihrer kostenlosen Bücher gefällt und sie beschließen, andere zu kaufen, besteht die Chance, dass sie dies auch tun werden.

Normalerweise würde ich soziale Netzwerke befürworten, aber wenn Ihre Werke für Kinder unter zwölf Jahren bestimmt sind, ist das sinnlos. Werben Sie auf den Websites von Lehrern und Schülern. Empfehlen Sie es für Klassenlektüre oder Buchwochen. Versuchen Sie, viel Einfluss auf die Menschen und Schulen in Ihrer Umgebung auszuüben.

Da die meisten Kinder das Internet gefiltert sehen, sind Websites für Kinder nicht sehr nützlich. Deshalb empfehle ich auch keine elektronische Literatur für Kinder. Teenager sind empfänglicher für E-Books und lassen sich vom Internet beeinflussen. Auch wenn Geld eine wichtige Rolle spielt, hat es keinen großen Einfluss auf Kinderromane im Vergleich zu Veröffentlichungen für Erwachsene.

KAPITEL 16: VERWENDUNG VON INDIVIDUELL ANGEFERTIGTEN WACKELKÖPFEN FÜR WERBEZWECKE.

Einige Personen verkaufen ein Produkt. Andere stellen das Produkt dar. Um neue Möglichkeiten zu erhalten, müssen Sie sich selbst vermarkten, wenn Sie Schriftsteller, Sänger, Politiker, Künstler, in der Öffentlichkeit stehen oder anderweitig selbständig sind. Sie haben einen Ausweis. Sie haben Flugblätter verteilt. Sie brauchen einen neuen Weg, um potenzielle Kunden und Wähler zu erreichen.

Erwägen Sie individuelle Figuren!

Warum individuelle Bobble Heads bestellen?

Diese Figuren bringen nicht nur Ihren Namen in die Öffentlichkeit, sondern auch Sie in die Öffentlichkeit. Eine handgefertigte Figur bietet einem Politiker, der erreichbar bleiben will, einen größeren Wiedererkennungswert als ein Bleistift oder ein Streichholzbriefchen. Wenn Sie ein Schriftsteller, Künstler oder Musiker sind, der mit anderen aufstrebenden Schriftstellern, Malern und Musikern um Aufmerksamkeit konkurriert, ist eine Figur besser als Poster und Lesezeichen.

Persönliche Figuren bauen eine Verbindung zwischen Ihnen und Ihrem Publikum auf. Da das Gesicht der Figur in der Regel eine Karikatur ist, sorgt sie auch für Humor und macht Sie sympathischer. Sie sind nicht Senator Smith; Sie sind mein netter und sympathischer Senator Smith. Sie sind nicht der Gitarrist Crash Jones; Sie sind ein lebenslustiges Mitglied einer fantastischen Band.

Eine personalisierte Wackelpuppe ist ebenfalls ungewöhnlich. Wenn Sie eine solche Figur in Ihre Pressemappe legen oder bei Veranstaltungen verteilen, werden Sie in Erinnerung bleiben. Da Figuren langlebig sind, werden sich potenzielle Kunden an Sie erinnern, lange nachdem die Visitenkarten und Kalender der Konkurrenz weggeworfen worden sind.

Wie man mit einem Bobble-Head wirbt.

Ein individueller Wackelkopf ist ein anpassungsfähiges Instrument. Fügen Sie ihn Ihrer Pressemappe hinzu. Verteilen Sie ihn bei Konzerten, Ausstellungen, Kundgebungen, Kongressen, Buchsignierungen, Festivals und Messen. Verwenden Sie ihn als Belohnung bei Blog-Wettbewerben und als Werbegeschenk bei Online- und Live-Touren. Legen Sie sie in Werbegeschenkkörbe, Goodie Bags und Dankesgeschenke.

Wenn Sie einen Roman geschrieben haben, kann eine personalisierte Figur Ihrer Hauptfigur Kinder zu Ihrem Tisch locken, wenn Sie ein Buch signieren. Unabhängig von Ihrem Unternehmen sollten Sie niemals zögern, Ihre Puppe als Geschenk für Kinder zu verwenden.

Wenn Sie sich weigern, wird man Sie als unfreundlich in Erinnerung behalten. Wenn Sie hingegen einem Kind, das darum bittet, einen Wackelkopf schenken, werden Sie als großzügiger Kinderfreund wahrgenommen, was immer ein positives Bild ist.

Wann immer Sie persönlich auftreten, sei es in einer Schule, bei einem Kampagnenstopp, einer Lesung oder einem Verkaufsgespräch, halten Sie Ihre Figur und Ihr Informationspaket bereit. Man weiß nie, wann sich eine Werbegelegenheit bietet.

Auswählen Ihrer individuellen Figur:

- Wie soll Ihr Wackelkopf aussehen?

- Ist sie eine Kopie von dir, deiner Gruppe oder deiner Persönlichkeit?

- Welche Handlungen soll Ihre Figur ausführen?

- Brauchen Sie eine Kulisse?

- Wie viele Informationen brauchen Sie?

Suchen Sie sich eine Produktionsfirma, die Ihre Visionen anerkennt und fördert, wenn Sie eine auswählen.

Wählen Sie ein Unternehmen, das bei jedem Produktionsschritt Ihre Zustimmung benötigt. Vergewissern Sie sich, dass Ihr personalisierter Wackelkopf aus sicheren, langlebigen Materialien hergestellt wird. Achten Sie auf die Erfahrung des Unternehmens, seinen guten Ruf und seinen Kundenservice.

Wenn Sie das Produkt sind, brauchen Sie die effektivste Werbung. Binden Sie einen individuellen Wackelkopf in Ihr Werbematerial ein!

KAPITEL 17: ÜBERLEGUNGEN, DIE VOR DER VERÖFFENTLICHUNG EINES KINDERBUCHS ANGESTELLT WERDEN SOLLTEN.

Ich glaubte, dass das Schreiben eines Kinderbuchs einfach sein würde. Ich setzte meinen reifen Verstand ein. Nachdem ich im Internet nach Vorschlägen für das Schreiben von Kinderbüchern gesucht hatte, stellte ich fest, dass es nicht ausreichte, einfach nur am Computer zu sitzen.

Zunächst musste ich die Altersgruppe bestimmen, die ich ansprechen wollte. Der Wortschatz und das Interesse von Kindern variieren zwischen fünf und acht, neun und zwölf sowie dreizehn und fünfzehn Jahren.

Ich verbrachte einen Tag in der Kinderabteilung der Buchhandlung und untersuchte die Sprache, die jede Altersgruppe verstehen konnte, die Art und Menge der Illustrationen, die Länge der Bücher, die Themen, die für jede Altersgruppe von Interesse waren, und wie die Kinder in der Abteilung mit ihrer Auswahl umgingen.

Als Nächstes musste ich entscheiden, in welchem Genre ich schreiben wollte (Abenteuer, Fantasy, Science Fiction, persönliche Erfahrungen usw.) und welche Kriterien für die Länge des Buches gelten sollten. Für jeden dieser Faktoren gibt es Online-Beschreibungen. Ich durchsuchte Websites für Fantasy- und Science-Fiction-Bücher, um zu sehen, über welche Themen andere Autoren geschrieben haben. Welche Romane wurden mit Preisen ausgezeichnet und warum?

Außerdem untersuchte ich auf Kinderbuch-Websites die Trends bei den Grafik- und Bildstilen, die für jede Altersgruppe verwendet werden. Da ich mich darauf vorbereitete, Lehrerin zu werden, nutzte ich auch Lehrerressourcen, um zu sehen, welche Lehrbücher für Kinder verschiedener Altersgruppen verwendet wurden.

Die Websites von Amazon, Barnes & Noble und Borders waren ebenfalls nützliche Hilfsmittel, um zu zeigen, welche Bücher in den verschiedenen Altersgruppen am beliebtesten sind. Der gedruckte Ansatz war zu diesem Zeitpunkt zu zeitaufwändig, teuer und einschüchternd, also entschied ich mich für die Online-Veröffentlichung. Im Bereich Kindle Book Publishing auf der Amazon-Website finden angehende Kindle-Autoren genügend Unterstützung.

Für die Vermarktung meines E-Books habe ich in Online-Dienste investiert, die Ihnen zeigen, wie Sie Blogs, Werbung und Veröffentlichungstaktiken einsetzen können, um Käufer für Ihr Buch zu gewinnen. Außerdem erfahren Sie, wie Sie den Preis für Ihr Ebook festlegen, wie viele Personen auf die Beschreibung Ihres Buches zugegriffen haben und wie Sie die Werberankings verfolgen können. Sie können auch eine Website einrichten, um Menschen zum Kauf Ihres Buches zu bewegen.

Je nachdem, wo Sie Ihr Buch verkaufen wollen, müssen Sie es entsprechend den Richtlinien formatieren. Befolgen Sie diese Richtlinien genau, wenn Sie möchten, dass Ihr Buch mühelos lesbar ist. Ich habe schon Bücher mit seltsamen Symbolen gesehen, die in den Text eingestreut waren. Es gibt Dienste, die alles gegen eine Gebühr erledigen, und die Möglichkeit, es selbst zu tun. Auf einer Website habe ich ein Cover für meine Amazon-Beschreibung entwickelt.

Dies ist lediglich eine Einführung in das Schreiben, Veröffentlichen und Verkaufen von eBooks für Kinder. Ich bin sicher, dass Sie viele weitere Online-Ressourcen finden, die Ihnen die benötigten Informationen liefern. Lassen Sie Ihrer Fantasie freien Lauf, aber behalten Sie beim Schreiben immer Ihre Zielgruppe im Auge.

KAPITEL 18: MARKETINGTIPPS FÜR BÜCHER, DIE IHNEN HELFEN, MEHR EXEMPLARE ZU VERKAUFEN.

Es hat noch nie ein Bestseller-Buch gegeben, ohne dass man sich in irgendeiner Form Mühe gegeben hätte. Sogar legendäre Autoren mussten durch die Mangel gedreht werden, bevor sie veröffentlicht wurden und eine breite Leserschaft fanden. Um vom unbekannten Schriftsteller zum Bestsellerautor zu werden, bedarf es Anstrengung, Ausdauer und Marketingstrategien für Bücher. Hier sind fünf dieser Marketing-Ideen zum Nachdenken.

1. Erhöhen Sie Ihren Bekanntheitsgrad im Internet. Wenn Sie noch keine Website haben, erstellen Sie eine. Treten Sie einer Social-Media-

Gemeinschaft bei, wenn Sie nicht schon in einer sind. Binden Sie eine Seite mit Erfahrungsberichten in Ihre Website ein, fordern Sie Personen auf, Ihr Buch auf Ihrer Facebook-Seite zu rezensieren, werden Sie auf Twitter sichtbar, erwägen Sie, Frage- und Antwortsitzungen auf Google+ zu veranstalten, und optimieren Sie Ihre Website für Suchmaschinen.

Die meisten Menschen erfahren von neuen Büchern aus dem Internet, von Freunden, aus Buchhandlungen oder aus der Werbung. Die Plattformen der sozialen Netzwerke haben die Menge der Mund-zu-Mund-Propaganda erhöht und ermöglichen es den Lesern, neue Autoren zu entdecken. Erweitern Sie daher Ihre Internetpräsenz.

2. Lassen Sie sich von Technologie und Trends nicht davon abhalten, ebook Marketing zu betreiben. Viele Autoren bieten inzwischen Ebook-Ausgaben ihrer Werke an. Laut BookStats ist der Umsatz mit E-Books für Erwachsene innerhalb weniger Jahre auf 1,27 Milliarden Dollar gestiegen, während sich der Umsatz mit E-Books für Kinder im gleichen Zeitraum verdreifacht hat. Angesichts von 84 Millionen

weltweit verkauften iPads und der zunehmenden Auslieferung von Lesetabletts sollten Sie das lukrative Potenzial der Vermarktung elektronischer Bücher nicht übersehen.

3. Beauftragen Sie einen Experten mit Ihrer E-Book-Strategie. Sie können mit möglichst geringem Aufwand viele Einsendungen Ihres Buches auf erstklassigen Ebook-Marketing-Websites, Twitter-Kampagnen und andere strategische Maßnahmen, wie z. B. einen Wettbewerb für eine Fan-Rezension, erhalten, um die Bekanntheit Ihres Buches zu steigern.

4. Erkunden Sie Ihr Buch im Internet. Bewerben Sie Ihr Buch auf Blog-Seiten, die mit Ihrem Genre oder einem bestimmten Markt verbunden sind. Dies ist eine wunderbare Methode, um Menschen auf Ihr Buch aufmerksam zu machen und ihnen zu helfen, es in ihren Netzwerken weiterzuempfehlen. Wenn Sie eine Gemeinschaft aufbauen, werden Sie schließlich eine Anhängerschaft gewinnen.

5. Entwickeln Sie Ihren Ruf im Internet und werden Sie eine Autorität. Dies ist besonders wichtig für Autoren von Selbsthilfebüchern und Ratgebern. Entwickeln Sie Webvideos. Erfahren Sie, wie Sie auf LinkedIn Answers aktiv werden können.

6. Lassen Sie nie eine Gelegenheit aus, Fragen von Fans zu Ihrem Buch zu beantworten. Wenn Sie genügend Anerkennung für Ihre Referenzen und Ihr Fachwissen über ein bestimmtes Thema erhalten, wird Ihr Buch (oder Ihre Bücher) ohne Schwierigkeiten verkauft werden.

Die Vermarktung eines Ebooks oder eines Buches für den Online-Markt kann lukrative Ergebnisse zeitigen. Sie müssen sich nur anstrengen. Seien Sie web-affin. Lassen Sie sich bei Ihren Kampagnen von einem Spezialisten unterstützen. Entwickeln Sie Ihre Marke, und wer weiß, vielleicht hilft Ihnen das Buch, das Sie vor vielen Jahren fertiggestellt haben, heute, ein Bestsellerautor zu werden.

KAPITEL 19: ZU VERMEIDENDE FEHLER BEI DER BUCHWERBUNG.

Es gibt Hunderte von Fachleuten, die darüber schreiben, bloggen und sprechen, was Autoren tun sollten, um ihre Romane zu verkaufen, aber manchmal müssen Autoren auch hören, was sie nicht tun sollten.

Ich habe eine Handvoll der verrücktesten Geschichten zusammengestellt, die ich über Autoren gehört habe, die ihre Romane schreiben oder vermarkten, und auch wenn sie lächerlich erscheinen mögen, versichere ich Ihnen, dass sie alle wahr sind. Für den unwahrscheinlichen Fall, dass Sie sich auf dem Weg zu einer verrückten Autorschaft befinden, hier ein paar Tipps, was Sie nicht tun sollten:

Fehler in der Buchhandlung:

Diese beiden Geschichten wurden mir von einem befreundeten Buchhandelsleiter erzählt:

Wir haben beschlossen, das Buch dieses Autors in Kommission zu nehmen. Solange sich ein Buch verkauft, werden wir es weiter anbieten. Ein Autor hat jedoch keine Bücher verkauft, so dass ich ihm mitteilte, dass wir sein Buch nach sechs Monaten nicht mehr führen können.

Er berichtete mir, dass er zwanzig Bücher in meinem Geschäft verkauft hatte. Ich teilte ihm mit, dass die acht Bücher, die wir ihm ursprünglich gestohlen hatten, noch vorhanden waren. Er sagte, er habe den Stapel alle paar Wochen erneuert.

Wir haben kein computergestütztes Inventarsystem, und als er seinen Stapel wieder auffüllte, hatten wir keine Möglichkeit, die verkauften Bücher zu erfassen. Daher kann ich ihm diese Bände nicht bezahlen. Bevor Sie also neue Bücher in den Laden stellen, sollten Sie sich mit dem Leiter der Buchhandlung absprechen.

Wir haben die Bücher eines lokalen Autors in die Abteilung für lokale Bücher gestellt. Als ich eines Tages den Laden betrat, standen alle ihre Bücher neben den Bestsellern auf dem vorderen Tisch. Sie wurden in die Abteilung für lokale Autoren zurückgestellt.

Als sich das Szenario wiederholte, wies ich die Autorin darauf hin, dass Käufer, die nach lokalen Büchern suchten, Schwierigkeiten hätten, ihre Werke zu finden, wenn sie nicht aus der Gegend kämen.

Als ich ein paar Tage später ins Büro zurückkehrte, standen ihre Bücher wieder auf dem vorderen Tisch. Nachdem ich sie mehrere Male umgestellt hatte, rief ich die Autorin an und teilte ihr mit, dass wir ihre Bücher nicht mehr verkaufen würden.

Feste:

Diese Geschichte wurde mir von einem Schriftsteller erzählt, der eine Kunstmesse besuchte:

Ich teilte mir einen Tisch auf einer Kunstmesse mit einer anderen Autorin. Ihre Geschichte war kürzlich als Hörbuch verfilmt worden. Als Mittel der Eigenwerbung beschloss sie, Kopfhörer mitzubringen, damit jeder vorbeikommen und sich das Hörbuch anhören konnte. Doch dabei blieb sie nicht stehen.

Sie stellte sich vor den Stand und eilte zu den Passanten, setzte ihnen unerlaubt Kopfhörer auf und rief: "Hören Sie sich mein Buch an!" Sie hinderte die Leute daran, sich dem Stand zu nähern, um sich mein Buch anzusehen, und als sie sahen, was sie anderen unschuldigen Besuchern antat, begannen sie, uns aus dem Weg zu gehen.

Interviews:

Ich kann gar nicht mehr zählen, wie oft ich von Autoren bei Interviews Folgendes gehört habe. Das macht einen Interviewer nicht glücklich:

"Warum beschließt Ihre Figur Mary das? In Ihrem Roman?"

Um das herauszufinden, müssen Sie das Buch lesen.

"Aber können Sie uns sagen, warum Sie sich dafür entschieden haben, dass Mary es tut?"

"Nein, ich fürchte, ich würde zu viel verraten. Um das herauszufinden, müssen Sie das Buch lesen."

Wenn ein Autor mir nichts über sein Buch erzählen kann, bin ich nicht daran interessiert, es zu lesen.

Einführungen in Bücher:

Ein Autor schrieb im ersten Absatz seiner Einleitung Folgendes:

Mir kam der Gedanke, dass die Szenarien in meinem Roman und die Fantasiewelt, die ich aufgebaut habe, für die Leser zunächst verwirrend und schwer nachvollziehbar sein würden, also beschloss ich, diese Einleitung zu schreiben, um alles zu erklären, damit sie der Handlung folgen können.

Einem Leser zu sagen, dass Ihr Buch verwirrend ist, wird Ihnen nicht helfen, mehr Exemplare zu verkaufen; wenn Ihr Buch verwirrend ist, sollten Sie es weiter überarbeiten, anstatt es zu veröffentlichen.

Kinderbücher:

Auch wenn Sie es nicht glauben: Manche Autoren wissen nicht, was sich für ein Kinderbuch gehört. Ich habe von einem Autor gehört, dessen tierische Protagonisten in einem Mordfall ermitteln. Schlimmer noch, das Mordopfer war eine Frau, und ihr Ehemann und ihr Liebhaber waren die Hauptverdächtigen. Ich hoffe, Mord und Ehebruch sind für Kinder unpassende Themen.

Websites:

Ich könnte noch andere Fehler aufzählen, die Autoren auf ihren Websites machen, aber dieser

Autor muss sich den Preis für die seltsamste Geschichte aller Zeiten verdienen. Dies ist eine leichte Umschreibung eines Postings, das ich auf der Website eines Autors gesehen habe, aber es entspricht dem, was ich von mehr als einem Autor gehört habe (daher die Leerzeichen):

Wenn Sie mein Buch kaufen wollen, kann ich es Ihnen nicht schicken, weil _____ [die Post, die US-Regierung, die Liga des Bösen, die Außerirdischen, die heimlich unseren Planeten regieren, usw.] die Bücher, die ich verschickt habe, absichtlich stiehlt, damit die Leute nicht die Wahrheit über _____ [Bigfoot, King Arthur, das Bermuda-Dreieck, Jesus, usw.] erfahren. Also habe ich es in ein herunterladbares eBook auf meiner Website umgewandelt.

Möglicherweise verkaufen sich Ihre Bücher als Autor nicht so, wie Sie es gerne hätten, und Sie fragen sich, was Sie falsch machen. Nachdem Sie diese Anekdoten gelesen haben, können Sie sich jedoch sicher dazu beglückwünschen, dass Sie zumindest einige Dinge richtig machen.

KAPITEL 20: WERBUNG FÜR IHR BUCH IN IHRER NACHBARSCHAFT.

Online-Marketing ist eine fantastische Möglichkeit, Ihr Buch an ein weltweites Publikum zu verkaufen, aber Autoren vernachlässigen oft die lokalen Marketingmöglichkeiten für Bücher. In Ihrer Nachbarschaft und Region können Sie sich als großer Fisch in einem kleinen Teich profilieren. Hier sind fünf Strategien für die lokale Vermarktung Ihres Buches:

1. Bringen Sie immer Lektüre und Bücher mit. Bewahren Sie eine Kiste mit Büchern, einige Flugblätter im Kofferraum Ihres Autos und Visitenkarten in Ihrer Brieftasche auf. Sie wissen nie, wann Sie einen potenziellen Kunden oder Marketingkontakt treffen.

2. Prüfen Sie die Möglichkeiten in Ihrer Region. Machen Sie einen Wochenendausflug oder besuchen Sie Ihre Großmutter? Recherchieren Sie im Vorfeld nach Buchhandlungen, Geschäften und Bibliotheken in der Umgebung, die Sie besuchen können, oder organisieren Sie eine Lesereise und übernachten Sie unterwegs bei Familie und Freunden.

3. Bewerben Sie sich bei Einzelhändlern und Bibliotheken als lokaler Autor. In vielen Buchhandlungen und Bibliotheken gibt es eine Abteilung, in der die Werke lokaler oder regionaler Autoren vorgestellt werden.

4. Ziehen Sie alternative Einzelhändler in Betracht, die gut zu Ihnen passen. Überlegen Sie, welche Geschäfte zum Thema Ihres Buches passen und werben Sie für Ihr Buch als Werk eines lokalen Autors.

5. Kleben Sie Aufkleber "Lokaler Autor" auf die Bücher, die Sie in Ihrer Gemeinde verkaufen.

6. Halten Sie Vorträge in Bibliotheken. Sprechen Sie Bibliotheken an, um über das Thema Ihres Buches zu referieren. Dies ist besonders nützlich für Kinderbücher und Sachbücher, die ein breites Publikum ansprechen (z. B. Reisen, Wirtschaft oder Fitness). Viele Bibliotheken gestatten Ihnen, Ihre Bücher während Ihres Vortrags zu verkaufen, und andere haben Mittel für die Vergütung von Rednern.

7. Finden Sie weitere Vortragsmöglichkeiten. Vorträge sind eine hervorragende Möglichkeit, für Ihr Buch zu werben; sobald Sie Erfahrung gesammelt haben, werden Sie vielleicht sogar dafür bezahlt. Viele Organisationen, darunter Geschäfts- und Bürgervereinigungen, kirchliche Gruppen, Schulen und Universitäten, Berufsverbände und andere, suchen nach engagierten Rednern für ihre Veranstaltungen.

8. Bemühen Sie sich um Werbung in den regionalen und lokalen Medien. Schicken Sie eine Pressemitteilung, in der Sie Ihr neues Buch ankündigen, an die Medien in Ihrer Heimatstadt und Ihrem derzeitigen Wohnort. Die "local girl makes

good"-Methode ist in kleineren Gemeinden besonders effektiv.

9. Verfassen Sie Pressemitteilungen mit regionalem Bezug, z. B. zu einem Roman, der in der Region spielt, oder zu aktuellen Ereignissen. Vergessen Sie nicht, Ihren Alumni-Newsletter und alle gesellschaftlichen oder beruflichen Organisationen, denen Sie angehören, einzubeziehen. Sachbuchautoren sollten Diskussionssendungen im Radio und Fernsehen in Betracht ziehen.

10. Nehmen Sie an Buchmessen und -festivals teil. In der Regel funktionieren sie am besten, wenn Ihr Buch mit dem Thema der Veranstaltung in Verbindung steht oder ein breites Publikum anspricht.

11. Werben Sie in Schulen und Jugendorganisationen für Kinderliteratur. Besuche in Schulen sind eine hervorragende Methode, um Kinder zu erreichen.

SCHLUSSFOLGERUNG.

Die Erstellung und Vermarktung eines Buches, insbesondere eines Kinderbuches, ist eine Herausforderung. Auch wenn die traditionelle Veröffentlichung schwierig ist, kann das Self-Publishing zum Erfolg führen. Bevor man davon ausgeht, dass es am besten ist, ein Kinderbuch zu schreiben, muss man den derzeitigen Markt studieren.

Es gibt eine unendliche Auswahl an Kinderbüchern. Im Gegensatz zu den herkömmlichen Büchern für Erwachsene führen Dollarstores und Schnäppchenläden ein riesiges Sortiment an Kinderbüchern. Trotz des Wunsches, dass ihre Kinder eine Ausbildung erhalten, ziehen es viele Eltern vor, einen begrenzten Geldbetrag für Bücher auszugeben.

Wie bereits erwähnt, ist der Wettbewerb bei Kinderbüchern hart. Oft ist ein bekannter Autor oder eine fesselnde Geschichte, insbesondere für junge

Leser oder Erwachsene, der Motor für den Verkauf eines 15-Dollar-Kinderbuchs. Daher sind viele Verleger vorsichtig.

Aus diesem Grund entscheiden sich viele große Verlage dafür, weiterhin mit denselben Autoren zusammenzuarbeiten oder nur Agenten einzusetzen. Lassen Sie sich davon jedoch nicht unterkriegen. Viele Verlage sind bereit, ein Risiko für neue Autoren einzugehen, und Sie könnten einer von ihnen sein.

Viele angehende Autoren, die veröffentlicht werden wollen, ziehen es vor, Kinderbücher zu schreiben, weil sie glauben, dass sie damit mehr Geld verdienen können. Trotz der Variationsmöglichkeiten werden Autoren von längeren Romanen und anderen Büchern oft besser entlohnt. Ist das wirklich so?

Es ist möglich, ein Kinderbuch schneller zu schreiben; daher können Sie vielleicht auch mehr schreiben, aber es ist wichtig zu betonen, dass man jedem Buch die gleiche Zeit und Aufmerksamkeit widmen sollte. Auch wenn Sie für Kinder schreiben, können Sie vielleicht mehr Bücher produzieren, aber sie müssen erst veröffentlicht werden, bevor Sie damit Geld verdienen können.

Wenn Sie sich dafür entscheiden, eine Kindergeschichte zu veröffentlichen, ist es wichtig, dass Sie sich nicht einschränken. Wenn viele Menschen an Kinderliteratur denken, kommen ihnen in der Regel sofort Bilderbücher und Pappbilderbücher in den Sinn.

Neben Jugendbüchern gibt es aber auch Bücher für Leseanfänger, wie z. B. die Kurz-KAPITEL-Bücher. Denken Sie daran, wenn Sie versuchen, Ihr erstes Kinderbuch zu schreiben, denn Sie möchten vielleicht experimentieren.

Wie bereits erwähnt, ist es nicht unbedingt einfacher, ein Kinderbuch zu schreiben und zu veröffentlichen, aber das bedeutet nicht, dass es unmöglich ist. Anstatt sich darauf zu konzentrieren, wie einfach es wäre, ein Buch zu veröffentlichen oder wie viel Geld Sie damit verdienen könnten, sollten Sie über das schreiben, was Sie kennen oder was Ihnen Spaß macht. Wenn Sie sich für die Worte, die Sie schreiben, und für die Geschichte, die Sie erzählen, begeistern, haben Sie eine viel größere Chance auf Erfolg.

Mit dem Aufkommen von Print-on-Demand-Software und -Anwendungen ist es heute einfacher, ein Buch zu produzieren und zu veröffentlichen. Ein Kinderbuch zu schreiben ist nicht so einfach, wie Sie vielleicht glauben, und es auf traditionellem Wege zu veröffentlichen ist eine der schwierigsten Aufgaben in der Verlagsbranche.

Management-Fähigkeiten für Führungskräfte.

1. Zeitmanagement für Manager
2. Mitarbeiter-Coaching für Manager
3. Teambildung für Manager
4. Selbstvertrauen für Manager
5. Verhandlungsgeschick für Manager
6. Kundenservice-Fähigkeiten für Manager
7. Durchsetzungsvermögen für Manager
8. Business-Knigge für Manager
9. Zuhörfähigkeiten für Manager
10. Führungsqualitäten für Manager
11. Kommunikationsfähigkeiten für Manager
12. Präsentationsfähigkeiten für Manager
13. Stressmanagement für Manager
14. Entscheidungsfindung für Manager
15. Konfliktmanagement für Manager.

Serie: Finanzielle Freiheit in jedem Alter.

- Finanzielle Freiheit in den 20ern erreichen
- Finanzielle Freiheit in den 30er Jahren
- Finanzielle Freiheit in den 40ern erreichen
- Finanzielle Freiheit in den 50ern erreichen
- Erreichen der finanziellen Freiheit in den 60ern
- Finanzielle Freiheit in den 70ern und darüber hinaus.
- Finanzielle Freiheit bei Kindern erreichen
- Finanzielle Freiheit bei Teenagern erreichen
- Finanzielle Freiheit bei Studenten erreichen.
- Finanzielle Betrügereien, vor denen man sich im Ruhestand in Acht nehmen sollte.

Serie: Persönliche Finanzen für Sie.
- Kauf und Verkauf von Kryptowährungen für Anfänger
- Warum es Sinn macht, in Dividendenaktien zu investieren.

Serie: Reichtum 2022.

- Online-Unternehmertum.
- Ihr eigenes Unternehmen gründen
- Vermögensverwaltung
- Passives Einkommen.
- 12 Schritte zur Gründung Ihres eigenen Unternehmens.

Serie: Exzellenter Kundenservice.

- Exzellenter Kundenservice im Einzelhandel
- Exzellenter Kundenservice im Fast-Food-Bereich
- Exzellenter Kundenservice im Full-Service-Restaurant
- Exzellenter Kundenservice in der Lehre.
- Exzellenter Kundenservice in der Immobilienbranche
- Exzellenter Kundenservice in einem Call Center

- Exzellenter Kundenservice als Rezeptionist
- Exzellenter Kundenservice in einem Hotel
- Exzellenter Kundenservice im Verkauf
- Exzellenter Kundenservice in jeder Situation.
- Exzellenter Kundenservice in der Zahnarztpraxis
- Exzellenter Kundenservice in der Arztpraxis.

Serie: Schnelles Geld.

- Schnelles Geld in einer Woche
- Schnelles Geld an einem Wochenende
- Schnelles Geld in einem Monat
- Schnelles Geld für Studenten.

Serie: Wie man Werbung macht.

- Wie Sie Ihr Geschäft während einer Rezession zum Blühen bringen
- Wie Sie Ihr Rezeptbuch vermarkten
- Wie Sie für Ihr Kinderbuch werben.

Autor Bio

D.K. Hawkins. D.K. liest gerne persönliche Geschäftsbücher und verbringt Zeit in der Natur. Es werden noch mehr Bücher in dieser Sammlung erscheinen, also folgen Sie bitte auf Amazon für weitere Bücher.

Vielen Dank, dass Sie dieses Buch gekauft haben.

Ich weiß es wirklich zu schätzen und schätze Sie, meinen hervorragenden Kunden.

Gott segne Sie.

D.K. Hawkins.

www.ingramcontent.com/pod-product-compliance
Lightning Source LLC
Chambersburg PA
CBHW050008230526
45465CB00003BB/1320